《东南亚研究》第一辑

《东南亚社会文化与投资环境》系列丛书

广东国际战略研究院 组编

老挝社会文化与投资环境

LAOWO SHEHUI WENHUA YU TOUZI HUANJING

编著 李小元 李锷

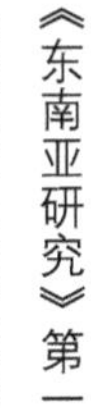

国家出版基金项目
NATIONAL PUBLICATION FOUNDATION

"十二五"国家重点图书出版规划项目

U0894533

中国出版集团
世界图书出版公司

图书在版编目（CIP）数据

老挝社会文化与投资环境 / 李小元，李锷编著. —广州：世界图书出版广东有限公司，2012.11
ISBN 978-7-5100-5297-2

Ⅰ. ①老… Ⅱ.①李… ②李… Ⅲ. ①老挝—概况 ②投资环境—概况—老挝 Ⅳ. ①K933.4 ②F133.4

中国版本图书馆CIP数据核字（2012）第228968号

老挝社会文化与投资环境

项目策划：陈 岩
项目负责：卢家彬 刘正武
责任编辑：魏路璐
出版发行：世界图书出版广东有限公司
（广州市海珠区新港西路大江冲25号 邮编：510300）
电 话：020-84451969 84459539
网 址：http://www.gdst.com.cn
经 销：各地新华书店
印 刷：广东虎彩云印刷有限公司
版 次：2014年2月第2版 2018年9月第5次印刷
开 本：880mm×1230mm 1/32
印 张：5.875
ISBN 978-7-5100-5297-2/K·0148
定 价：25.00元

版权所有 侵权必究

《东南亚研究》第一辑

主　编：隋广军

副主编：李　青　刘继森

《东南亚社会文化与投资环境》系列丛书

编委会主任：隋广军

编委会副主任：李　青　刘继森

编委会成员：隋广军　徐真华　孔庆山　李小元

李轩志　林秀梅　李　青　林明华

刘继森　吴杰伟　张　哲　杨韶刚

常永胜　梁立俊　蔡金城

总 序

东盟是中国的近邻，与中国政治、外交关系密切，经贸往来十分频繁，中国与东盟的经贸合作意义重大。2010年中国-东盟自由贸易区启动，彼此的重要性以及经济上的互相影响更为凸显。广东地处南粤，与东盟各国或一衣带水，或山水相连，历史上商贸往来密切——下南洋曾经是广东人特有的“地理大发现”。随着广东经济增长模式转型和对外贸易方式转变，借自由贸易之利，全面强化、提升与东盟的经贸关系对广东未来经济发展至关重要。正是由于上述原因，东盟始终是广东国际战略研究院关注的重点。

近年广东国际战略研究院陆续推出了一系列有影响力的研究成果，或为政府战略决策提供依据，或为商界开拓市场提供参考。这套《东南亚社会文化与投资环境》系列丛书是研究院近期推出的又一力作。其主旨在于为政府及相关人员提供一套关于东盟政治、经济、文化的参考文献，供他们放在案头随时备查；特别是为有意投资东盟十国的商家、企业提供可靠的信息，作为走入东盟的路径指南；也为其他对东盟感兴趣的人士提供权威且全面的经典之作。

这套丛书分为十本，每本按国别独立成册。丛书各分册在体例编排上基本相同，主要内容虽各有侧重，但均以一国之经济为核心，涵盖以下几个方面：一、经济状况。描述该国经济发展、变革的历史过程，解读其经济体制的现状及未来趋势，汇总经济发展水平的各项指标，并对其经济发展进行简单评价。二、产业特点。介绍其资源禀赋的优劣势，归纳分析产业布局重点和特点，简要分析产业发展趋势以及与中国产业结构的异同。三、财政金融。介绍其财政、金融组织架构，分析财政、金融政策的特点，介绍融资市场规模及其影响力等，发掘与中国相关金融政策对接的可能性。四、商业机会。根据其资源特点和政策导向以及产业结构的现状，结合中国企业的对外投资优势，介绍潜在的投资领域和行业。除了上述内容之外，书中也概括地介绍该国的政治、文化、教育、风物以及外交情况，其中与中国的往来关系更是必备内容。书中附录收集该国的法律法规、政策指南以及政府、商业和企业信息，以备读者查阅。

我们力求使本丛书具备以下几个特点。一、求真。这是一套通识类读物，意在让读者一册在手，所需真实信息尽收眼底。二、求新。我们力求使用最新的资料，并向读者提供获得最新信息，或更新资料的渠道。三、求精。我们在编纂过程中通过精心安排结构，精心取舍材料和提炼观点，最大限度地让读者在获得通识的基础上取精用宏，满足他们更高层次的阅读要求。四、求实。我们在简洁的分析和解读的基础上，努力追求“工具化”的目标，通过覆盖面最广的资料和数据，使其具有工具书一样的功能。当然摆在读者面前的这套丛书距此理想仍有差距，希望读者多多批评指正。

这套丛书从筹划到正式出版历时近两年，该丛书的出版是许多人共同努力的结果。感谢中国出版集团、世界图书出版公司在本书出版过程中的支持和帮助；感谢北京大学、北京外国语大学、广东外语外贸大学各个语种的专家教授以及参与编撰的所有作者，正是他们的辛苦付出和鼎力支持成就了这套丛书。最后特别要感谢广东外语外贸大学非通用语种教学与研究中心主任林秀梅教授，她为丛书的出版做出了大量重要和无私的贡献。

2012年10月1日

前　言

老挝是栖身于热带季雨林中的国家，被称为东南亚“最后一块还未开发的处女地”，或许亦是我们了解最少的国家之一。纵使有着千般妙处，却因为种种历史及现实的原因，老挝尚未能被世人所了解。于是老挝就如同一个蒙着面纱的少女，隐约而美好。只有走近她的人，才能一睹芳容；只有走进她内心的人，才能感悟至深。

鲜花、佛塔是她绽放给世人最初的微笑；而她的内心就如同湄公河边那些倔强的碧绿着的未名小草蕴藏着一种感人肺腑的生命力。老挝，也有着令人惊叹的另一面。

在这个世界各国都尽力寻求经济发展支撑点的大时代下，老挝的恬静让许多旁人感到不解。于是有人评论道，她没有出海口，她的人民安于现状，她的各种条件不利于经济发展……种种言论，将她放到了一个弱势因此不争的位置上。然而事实真就如此吗?

全民笃信的佛教让她看上去与世无争、温婉恬淡。但明明是资源丰富的国家，明明是种子撒在土里不用操心都能长出果实的国土，明明有着这样或那样的战略重要性，她的潜力就像是河沙掩盖下的珍珠，孕育着让人难以忽视的生机。这是一个融温和与潜力于一身的国家，这是一个走进去方觉空间之广、前景之阔的国家。

知己知彼，方能百战百胜。走进老挝、了解老挝，才能在这里谋取更大的发展空间。老挝蕴藏的丰富资源以及不可替代的战略位置，决定了这个国家所拥有的发展潜力十分巨大，而其潜在的市场发展优势也是值得关注的。本书大量收集整理了中文及老挝文的重要资料，从老挝国情、经济概况、社会文化、法律法规、中老关系以及投资指南等不同角度，力图向读者呈现出一幅简明到位的老挝全景图，为读者走进老挝、了解老挝、与老挝合作发展提供参考。

老挝还在不断地发展变化，对老挝的认识远未结束。本书所涉内容受编者水平及所掌握资料的限制，难免存在一些不当和疏漏之处，恳请广大读者及学界同仁不吝赐教。

编　者

2012年9月

目 Contents 录

目录

Contents

第一章 国家概述

本章导读

☆老挝（Lao People's Democratic Republic），全称"老挝人民民主共和国"，成立于1975年12月2日。老挝推行人民民主的社会制度，国会是国家的立法机构，总理府是国家的行政管理机关，老挝的司法机构包括人民法院和人民检察院。由国会选举产生的国家主席是国家元首，是老挝各族人民的代表。老挝与中国山水相连，是中国与东盟联系的重要桥梁，在中国与东盟的交往和合作中具有重要的战略地位。老挝自然资源丰富，并且大部分尚未开采，被称为东南亚"最后一块还未开发的处女地"。

第一节 地理气候

老挝位于中南半岛[①]的北部，周围分别与越南、柬埔寨、泰国、缅甸和中国交界，是东南亚唯一没有出海口的内陆国，面积为236,800平方公里。老挝自北向南按地势分成上寮、中寮、下寮三个部分，首都万象市位于中寮地区。老挝地形南北长，东西窄，地势北高南低，西北向东南倾斜，山地和高原占全国总面积的80%。

老挝属热带季风型气候，全年气候炎热，温差变化不大，分为雨季和旱季。每年的5月至10月是雨季，11月至翌年4月是旱季。全年平均气温在20℃～26℃之间，最高平均气温31.7℃，最低平均气温22.6℃。1月气温较低，月平均气温为10℃～20℃；5月气温最高，月平均气温20℃～29℃。南北气温差异不大，气温受纬度影响较小，但地形对气温有较大的影响。北部和东部地区的旱季昼夜温差较大，一般在10℃～20℃之间。老挝全境雨量充沛，各地年平均降水量在1,250~3,750毫米之间。雨量分布不均衡，大致情况是南多北少，高原和山地多，平原和谷地少。年降雨量的90%左右集中在雨季，月降雨量以12~1月最少，以后逐月增多。雨季中期的7~9月为降水高峰期，然后逐月减少。旱季降雨较少，多数地区的月降雨量在20~30毫米之间。

老挝自然资源极其丰富，且大部分没有勘探开采，因此，

①中南半岛（Indo-China Peninsula），亚洲南部三大半岛之一，旧称印度支那半岛，又称中印半岛。位于中国和南亚次大陆之间，西临孟加拉湾、安达曼海和马六甲海峡，东临太平洋的南海，为东亚与南洋各群岛之间的桥梁。中南半岛包括越南、老挝、柬埔寨、缅甸、泰国及马来西亚西部，是世界上国家第二多的半岛。面积206.9万平方公里，占东南亚面积的46%。

被称为东南亚“最后一块还未开发的处女地”。森林覆盖率高，出产许多珍贵的树木，湄公河及其支流沿岸是一片辽阔的沃野，盛产稻米，被誉为“森林和稻田的王国”；老挝境内水资源十分丰富，全国有20多条200公里以上的河流，其中最大的是纵贯全国的湄公河，还有许多属于湄公河水系的支流，这些河流的流域面积达22万平方公里，占全国土地面积的90%以上。澜沧江—湄公河连接了中国、缅甸、老挝、泰国、柬埔寨和越南六国，是中南半岛第一、亚洲第三、世界第十大河流。湄公河在老挝境内的河段长达1,877公里，它不仅是老挝水上交通大动脉，还蕴藏着极其丰富的水力资源，可以修建上百个大小不同的水电站，发出的电力可照亮整个东南亚，所以，老挝又被称为“东南亚的蓄电池”。

第二节　国家简史

老挝是一个有着悠久历史的国家。据中国史书记载，老挝地区最早出现的国家叫越裳。公元1—2世纪，老挝北部还出现过一个叫堂明的国家，唐代文献称之为道明国。公元2世纪以后，在今老挝下寮和柬埔寨北部地区出现了真腊国，归属于当时强盛一时的扶南国（今柬埔寨南部）。5世纪以后，真腊兼并了扶南。8世纪初，真腊分裂为水真腊和陆真腊两个国家。水真腊即今柬埔寨地区，陆真腊又称文单国，在今老挝地区。9世纪中叶，水真腊和陆真腊重新合并为一个国家，仍称为真腊国。12世纪以前，老挝地区基本上是吉蔑人的势力范围。12世纪末叶，位于今柬埔寨的吉蔑帝国开始衰弱，吉蔑人在中南半岛的势力急剧衰落，泰老人的势力迅速崛起，建立了一系列小国。

在老挝地区有孟骚、老告、老丫、牛吼、盆蛮、哀牢等。其中孟骚被视为澜沧王国的前身。

1353年，法昂王在川铜（今琅勃拉邦）建立了老挝历史上第一个统一的中央集权制国家——澜沧王国。澜沧王国凭借其强大的军事力量和小乘佛教的思想统治，在中南半岛强盛一时，重要的繁荣时期包括桑森泰王时期、塞塔提腊王时期和苏里亚旺萨时期。1560年，塞塔提腊王将首都从琅勃拉邦迁到万象，并修建了保存至今的著名佛塔——塔銮。1690年，苏里亚旺萨去世，身后没有留下王子，由此开始了王位的争夺，直接导致了澜沧王国的分裂并沦为暹罗的附属国。1713年，澜沧王国正式分裂为琅勃拉邦王国、万象王国和占巴塞王国。除此以外，当时在老挝地区还存在一些小的侯国或邦国，如川圹、孟新、乌怒等。1778—1779年，三个主要的小王国陆续沦为暹罗的附属国。1827—1828年，越南阮氏王朝利用老挝内忧外患的政治危机，不断蚕食老挝，陆续入侵了川圹地区、万象地区和甘蒙地区。

1893年，老挝沦为法国殖民地，变成在法国最高驻扎官管理下的"自治保护国"，纳入法属印度支那联邦。自此，老挝开始了被法国、日本、美国等各列强轮番占领的近代史。1940年，法国投降德国，日本乘机侵占中南半岛，取代法国对老挝的殖民统治。1945年，日本宣布无条件投降，结束了在中南半岛的统治。同年10月，老挝宣布独立，成立统一的"老挝王国"。1946年，法国重新占领老挝。1949年，老挝王国政府同法国政府签约，正式确定老挝为法兰西联邦内的独立国家。1954年，法国签署了关于老挝问题的日内瓦协议，宣布法国在老挝的殖民统治结束，老挝赢得了国家的独立。

老挝独立后，国内逐渐出现了三种势力：王国政府、爱国力量以及右派势力。1957年，三方成立了老挝联合政府，梭发·那富马任首相，其后遭到美国的干涉，于1959年被颠覆，老挝进入全面的抗美救国斗争时期。1960年8月，驻守万象市的王国政府军发动了“八九”政变，之后，老挝出现了左、中、右三股力量：老挝爱国战线、“八九”政变中立派和右派集团。1961年，三方临时民族团结政府成立，1964年再次被美国推翻。1974年，爱国战线和中立派达成协议，联合政府成立，首相梭发·那富马，副首相富米·冯维希。同时还成立了以苏发努冯为主席的民族政治联合委员会。1975年6月初开始，万象方面控制区各省相继建立人民革命政权，8月，琅勃拉邦和万象也建立了省、市新政权，全国夺权斗争基本结束。1975年11月29日，老挝国王西萨旺·达纳宣布自愿退位，12月12日，老挝全国人民代表大会在万象召开，会上宣布废除君主制，建立人民民主共和国，任命苏发努冯为国家主席。从此，老挝进入了一个新的历史时期。

第三节　民族与人口

老挝境内最早发现的人类，可以追溯到更新世中期之末，距今大约10万年。老挝地区的原始居民主要是印度尼西亚人和尼格罗人。老挝地区的原始居民和后来迁入的南岛语系民族以及从中国南方迁去的越人融合在一起，形成了今天老挝的各个民族。

老挝党和政府一直重视民族划分问题，从老挝人民革命党成立之初，就开始进行调研。最初根据居住地势高低、语言以及政治意义划分为三大族系，即：老龙族、老听族、老松族。老龙族主要指居住在平原和湄公河畔的民族，老听族主要指居住在海拔700米以上山坡上的民族，老松族主要指居住在海拔1,000米以上山坡上的民族。这三大族系又包括68个民族。但是，在1981年6月15—16日的中央政治局关于民族问题的讨论会上，老挝前国家主席凯山·丰威汉指出，以前把老挝划分为三大族系，是抗战特殊时期出于团结人民的政治需要，但实际上并不符合科学的民族划分标准，因此要求中央民族委员会及相关部门继续进行调研，力求对老挝各民族进行科学划分。经过十几年的努力，有关部门根据语言、历史和沿用民族名称、文化习俗等标准将全国划分为四大语族，即：佬—傣语族（The Lao-Tai）、孟—高棉语族（The Mon-Khmer）、汉—藏语族（The China-Tibet）、苗—游棉语族（The Hmong-Iu Mien）。这四大族系又包括49个民族，其中佬—傣语族是老挝最大的语族，占老挝总人口的64.9%（2005年统计数据），主要包括8个民族[①]，即色卡（Xaek/Xe'k）、努安（Nhouan）、傣族（Tai）、傣呐（Thaneua）、普傣（Phouthay）、恙族（Yang）、佬族（Lao）以及叻族（Lue）。但民间仍习惯三大族系的说法。

老挝是中南半岛人口最少的国家，2008年，老挝全国人口600多万，其中城市人口占29.7%。2006—2008年人口年增长率为2.2%。2007年，成人受教育比率为73.2%，5岁以下婴幼儿死亡率为7%。老挝人口分布不平衡，全国人口密度约为每平方公里25人。人口最稠密的地区是在沿湄公河及其支流的平原和南部地区，也是全国最重要的稻米产区。北部少数民族散居地区和交通不便的山区人口稀少。占全国总面积1/5的平原地区，居住着3/4的人口；相反，占全国总面积4/5的山区和高原，只居住

①老挝建国阵线民族局：《老挝各民族》，2005年。

着1/4的人口。

第四节　行政区划

老挝现行行政区划设置省和直辖市、县、村三级。现在，老挝全国共有16个省和1个直辖市。

上寮的8个省：丰沙里省，省会丰沙里市；琅南塔省，省会琅南塔市；乌多姆赛省，省会芒赛市；波乔省，省会会晒市；琅勃拉邦省，省会琅勃拉邦市；华潘省（亦称桑怒省），省会桑怒市；沙耶武里省，省会沙耶武里市；川圹省，省会蓬沙湾市。

中寮的3个省：万象省，省会丰洪市；波里坎赛省，省会北汕市；甘蒙省，省会他曲市；

下寮的5个省：沙湾拿吉省，省会沙湾拿吉市；沙拉湾省，省会沙拉湾市；色公省，省会拉芒市；占巴塞省，省会巴色市（亦称百细市）；阿速坡省，省会阿速坡市（亦称沙玛奇赛市）。

1个直辖市为万象市，是老挝的首都。

万象市

万象是老挝的首都，是老挝政治、经济、文化、交通和佛教的中心。外国驻老挝使领馆、联合国和国际组织驻老挝机构都设在这里。万象市的市区面积约28平方公里，人口约60万。

万象位于中寮万象平原的南端，濒临湄公河，隔河与泰国东北重镇廊开相望。每当枯水季节，河中大半个河床的沙洲、浅滩显露出来，中间只剩下一条狭窄的细流，人们可很方便地涉水过河到泰国。作为一个国家的首都，与邻国仅一河之隔的，在世界上并不多见。

万象亦称永珍，是万象的同名异译。由于老挝盛产大象，因此，万象之名是当地华侨采取音意参半的译法而得名。又因在古代这里盛产檀香木，故万象又称为“檀木之城”。另外，万象城市沿湄公河弯曲延伸呈新月形，所以万象又有“月亮城”的美称。

万象是一座具有悠久历史的古城，建于公元前342年，古名赛丰。公元8世纪为文单（陆真腊）的国都，14世纪开始成为该地区的政治、经济、文化和交通中心。从16世纪中叶以来一直作为老挝的国都，以后几经兴衰，历尽沧桑。在古代，万象有护城河和城墙，现护城河一部分尚存，而城墙已毁，厚厚的墙基已成为城市内主要干道坤布隆路。为了防止湄公河水上涨溢入市区，历年来，政府投资在湄公河沿岸修筑起长达60多公里的防洪圩堤。

万象市区终年绿树成荫、草木葱茏、鲜花盛开，一幢幢浅灰色的建筑和一座座金黄色的庙宇掩映在椰林芭蕉丛中，潺潺的湄公河水在市区边缘缓缓流过，整个城市犹如一个美丽幽静的公园。

万象市内有许多寺庙、古塔，在建筑艺术风格上有着鲜明的民族特点，其中著名的有塔銮、细刹吉寺、玉佛寺、翁德寺、西孟寺等。位于市中心的凯旋门，是一座仿照法国巴黎凯旋门式样的高大建筑物，融东西方建筑艺术为一体。游人们可以登上凯旋门，极目远眺，万象市的美丽景色尽收眼底。此外，还有建国后新建的无名战士纪念碑、国会大厦、老挝国家文化宫等。

万象是老挝最发达的工商业中心，这里集中了全国3/4的工厂，工业产值占全国工业总产值的一半以上。

万象是老挝全国陆路、水路、空运的中心，纵贯南北的国家公路干线13号公路经过这里。1994年4月，连接万象和泰国廊开的湄公河友谊大桥竣工通车，这是一座由澳大利亚出资援建的湄公河上第一座大桥，结束了老挝与泰国两国人民被湄公河水隔开、陆路不能通行的历史，成为老挝进出口货物最重要的通道。湄公河是全国水路交通的大动脉，连接了万象和全国的主要城市和3/4的省份。市郊西部有瓦岱国际机场，已开通万象至曼谷、清迈、河内、胡志明市、金边、仰光、新加坡、莫斯科、昆明等国际航线。

万象又是老挝的文化教育中心，老挝国立大学等高等院校及许多中等技术学校、高级中学都集中在这里。有国家图书馆、国家博物馆（2000年2月1日前称革命博物馆）、老挝人民军博物馆、已故老挝人民革命党主席凯山·丰威汉纪念馆、杂技馆、国家体育场、电影院、民族文化园、野生动物园等公共游乐场所。

万象社会治安状况良好，秩序井然，经济繁荣，人民生活安定。随着老挝全方位对外开放政策的实施，万象日益加快建设步伐，近年来，外国企业家纷至沓来，涌入万象投资，外国旅游者也日益增加。

琅勃拉邦市

琅勃拉邦市是老挝的古都和佛教中心，琅勃拉邦省的省会，老挝第二大城市。它位于南康江与湄公河的交汇处，形似“L”状的半岛，是一座山青水秀的古城。

琅勃拉邦市沿湄公河左岸伸展，地势平缓，平均海拔290米。市郊群山耸立，市东和市南7公里处海拔在1,000米以上，宛如一道绿色屏障。整个城市依山傍水、风景秀丽、气候宜人、古雅幽静，街道宽阔平整。金黄色的寺庙、王宫及古塔掩映在花木修竹中。高372米的普西山屹立市区，成为该市的标志。山上草木葱茏，山顶有一座金色尖塔——普西塔，意为光辉祥瑞之塔，登上山顶可俯瞰全市景色。普西山麓是王宫所在地，1975年老挝废除君主制以前为老挝国王的王宫，1904年重建，是一座法式的宫殿建筑，后来几经扩建改造，成为具有典型老挝民族风格的建筑物。1976年3月31日，王宫被改为故宫博物馆。

琅勃拉邦市有着悠久的历史，早在2000多年前，就是老挝一个部落的都城，当时名为“孟沙瓦”（亦称孟骚）。8世纪中叶易名为“川铜”（又译香通、香东），意为“金城”。1560年，塞塔提腊国王迁都万象，把镇城之宝勃拉邦佛留在旧都，更名“川铜”为“琅勃拉邦”，意为“勃拉邦佛之都”。勃拉邦佛是一尊高0.83米，重53.4公斤的金佛，具有古代高棉艺术风格。这一尊金佛是在1353年老挝法昂国王统一老挝全境建立澜沧王国后，由其岳父高棉国王赠送给他的礼品，一直被誉为“老挝王国的保护神”，是老挝一件价值连城的国宝，珍藏在王宫右边精美的佛堂中。

在市区，还有几十座金碧辉煌的寺庙、佛塔，其中有被列为东南亚名寺的香通寺，以及维逊寺、玛莫寺等。这些古庙，建筑别致，陈设堂皇，以宏伟的大殿、精美的雕刻、华丽的镶嵌、玲珑的佛塔著称。

琅勃拉邦市有金银器饰品的打造、象牙雕刻以及丝织品、制陶等传统手工艺品，在国内外享有盛名。还有青苔片、果肉干、竹筒糯米饭、烤牛肉、椰子糖等传统风味食品。

该市是上寮地区的交通要冲，也是安息香、药材、木材和粮食等的集散地。作为老挝重要文化遗产和古都的琅勃拉邦，由于其独特的自然条件和人文景观，1994年被联合国教科文组织评为东南亚诸国中原貌保持得最好的城市，在1995年把它列入“世界遗产”保护名单之内。

巴色市

巴色市位于下寮占巴塞省湄公河与色顿河的交汇处，是老挝的第三大城市。它是占巴塞省的省会，又是老挝南部通往泰国、柬埔寨、越南的水陆交通要道和贸易中心，具有十分重要的战略地位。

宽阔的湄公河流经市区，河岸西边群山连绵，城东30公里处是老挝古代占巴塞王国的都城巴沙，现仍保留着许多名胜古迹。在老挝解放前，未竣工的规模宏大的右派首领文翁亲王的宫殿，耸立在市郊，现改建为老挝南部最大的旅游饭店，成为该市一个著名的高大建筑。巴色市及其郊区是老挝南部山水秀美的富饶的鱼米之乡，盛产咖啡、热带水果、水稻、棉花、烟草、天然橡胶及淡水鱼等。

沙湾拿吉市

沙湾拿吉市位于中寮沙湾拿吉省的湄公河东岸，为沙湾拿吉省的省会，是老挝中部政治、经济、文化、交通的中心，是老挝第四大城市。

“沙湾拿吉”意为“天堂之地”，它地处老挝最大的平原——沙湾拿吉（更谷平原）的西部。自古以来，这里物产丰富，交通便利，是老挝南部著名的水稻产地之一，又是中、下寮地区的交通枢纽和军事战略要地。

湄公河是沙湾拿吉市的天然交通运输线，往东南可达巴色和孔埠等下寮重镇，往西北可到他曲、万象、琅勃拉邦等主要城市。陆路有13号公路和9号公路经过这里，往南可到达下寮各省，往北可通中、下寮各地。通过9号公路可通达越南沿海城镇，并可连接越南的铁路、公路干线。沙湾拿吉对岸是泰国东北重镇木达汉，两岸人民来往密切。

他曲市

他曲市位于中寮甘蒙省的湄公河东岸，是甘蒙省的省会、老挝中寮地区的重镇。“他曲”在老挝语中的意思是“印度商人经商的码头”，与他曲隔河相望是泰国东北部重镇那空帕侬。沿13号公路往北可达上寮各主要城镇，往南可通下寮地区和越南、柬埔寨。该市是老挝中寮地区的经济、贸易、文化和交通中心。在法国殖民主义占领老挝期间，这里曾是老挝人民英勇抵抗法军的重要战场之一。

川圹

川圹位于上寮查尔平原的中部，是老挝上寮的战略要地之一。查尔平原上有数百个石缸，蔚为壮观，神秘莫测，是老挝最著名的名胜古迹之一，也是上寮旅游胜地。“川圹”在老挝语中有“大象挡路之城”的含义，历史上这里盛产大象。在老挝抗美救国斗争时期，这里曾是老挝人民抗美斗争的主要战场之一。

桑怒

桑怒位于上寮华潘省（亦称桑怒省）中部会芬高原北边的一个深山峡谷中，是华潘省的省会。桑怒是上寮地区的历史名城，地理位置十分险要，是通往越南的重要关口，历史上曾一度被越南封建王朝所占领，成为纷争之地。

在老挝人民反帝反殖斗争中，桑怒一直是老挝主要的革命根据地。桑怒以东40公里处的万赛，曾是老挝人民党中央和老挝爱国战线中央机关所在地，成为老挝解放区的政治、经济、军事、文化中心。现在，该地区被誉为老挝革命圣地，也是上寮地区一个主要的旅游景点。

阿速坡

阿速坡（沙玛奇赛）位于下寮东部阿速坡省色贡河和色南河的交汇处，是阿速坡省的省会，也是下寮地区咖啡、橡胶、烟草和药材等主要出口商品的集散地，又是通达越南、柬埔寨的重镇。

丰沙里

丰沙里位于老挝最北省份丰沙里省的中部，是老挝最北部的主要山城、丰沙里省的省会，也是老挝上寮地区通往中国的重要门户。在20世纪60—70年代，中国曾在此设立总领事馆。

琅南塔

琅南塔位于上寮西北部的南塔省的南塔河和南元河的交汇处，是琅南塔省的省会和上寮地区通往中国的主要贸易口岸。

芒赛

芒赛位于上寮地区中部乌多姆赛省的普托山和普雪比山之间，是老挝人民民主共和国成立后新建的城镇，是乌多姆赛省的省会和上寮地区的交通枢纽，也是老挝近几年来发展最快的城市之一。

会晒

会晒位于老挝上寮西部波乔省的湄公河东岸，对岸是泰国的东北重镇清孔。会晒是波乔省的省会和老挝西北部通往泰国的主要贸易口岸，沿湄公河往北可通达中国云南西双版纳的景洪。

第五节　政治

一、人民民主的政治制度

在1975年12月2日以前，老挝原是君主立宪制国家，1975年12月2日，老挝全国人民代表大会通过决议，宣布废除君主制度，建立人民民主共和制。于1991年8月14日，老挝最高人民议会第二届第六次会议通过了老挝人民民主共和国建国以来的第一部宪法。这部宪法确认了：老挝人民民主共和国是独立、拥有主权和领土完整、不可分割的多民族统一的国家；国家的一切权力属于人民；老挝各族人民的国家主人翁权利，通过以老挝人民革命党为领导核心的政治制度来保障和实现；以宪法和法律治理国家。在对外方面，老挝奉行和平、独立和友好合作的外交政策，在和平共处、互相尊重独立、主权和领土完整、互不干涉内政和平等互利的原则基础上发展与世界各国的友好合作关系。社会经济制度方面，老挝的经济制度是多种经济成分并存，各种经济成分在法律面前一律平等；发展生产，扩大流通，把自然经济转变为商品经济，加强国家的经济基础，不断提高人民的精神生活和物质生活水平。

二、立法机构

老挝国会原称老挝最高人民议会。1991年8月14日，老挝最高人民议会第二届第六次会议决定，将最高人民议会改称国会。根据1991年新宪法规定，国会是国家的立法机构，有权决定国家各项基本问题，监督国家行政机关和司法机关的活动。在全国人民代表大会休会期间，国会还代其行使职责。国会每届任期5年，国会议员由老挝公民根据法律规定的程序选举产生。

国会的主要职权是：制定、批准和修改宪法；审查批准、修改和废除法律；规定、改变和取消税收；审查批准国家战略性社会经济发展计划和财政预算；根据国会常务委员会的提议，选举和罢免国家主席和副主席；根据国家主席的提议，审查批准国务院的组成和解散国务院；根据国会常务委员会的提议，选举和罢免最高人民法院院长和人民总检察长；根据国务院总理的提议，决定设立或取消部和相当于部的国家机构、省和市；决定省和市的管辖地区范围；决定特赦；根据国际法和程序，决定同外国缔结的条约和协定的批准和废除；决定战争及和平问题；维护宪法和法律的尊严。

三、行政机关

总理府是国家的行政管理机关，统一管理国家政治、经济、社会文化、国防、治安和外交等各方面的工作。总理府由总理、副总理、各部部长和其他部级委员会的主任组成。每届任期5年。总理由国家主席任命，并报国会批准。

总理府的主要职权是：贯彻执行宪法、法律和国会的决定，执行国家主席发布的命令和条例；向国会提交法律草案，向国家主席提交命令和条例草案；编制国家社会经济战略发展计划和年度预算计划，并提请国会审查批准；发布有关管理国家社会经济、科学技术、国防、治安和外交等方面工作的命令和规定；组织、指导和检查国务院各部门和地方政府的工作；同外国缔结条约和协定，并指导已缔结的条约和协定的执行；终止和取消国务院下属各部和其他部级机关及各省市制定的、与国家法律相抵触的决定和命令。

由于老挝国家较小，人才缺乏，所以近年来各部委进行了精简合并。2007年下半年，政府相关机构进行调整。调整后，老挝中央政府由以下部委组成：外交部、公安部、国防部、教育部、劳动和社会福利部、工业和贸易部、公共工程与运输部、财政部、计划与投资部、新闻文化部、农林部、卫生部、司法部、旅游局、水资源与环境署、土地管理署、国家邮电署、国家体委等。部级委员会包括禁毒委员会、农村发展与扶贫委员会等。审计署不再隶属总理府，改为老挝国家审计署，直接向老挝国会负责。

四、司法体制

老挝的司法机构包括人民法院和人民检察院。

老挝各级人民法院是国家的审判机关，包括最高人民法院，省、市人民法院，县人民法院和军事法院。最高人民法院是老挝国家的最高审判机关，并检查监督地方人民法院和军事法院的判决。根据国会常务委员会的提议，最高人民法院院长由国会选举和罢免，副院长和各级法官由国会常务委员会任命和罢免。人民法院实行集体判决。法官在判决时，必须独立行使判决权，只遵照法律行事。人民法院在开庭审理案件时，除法律规定的特殊情况外，必须公开进行。社会团体的代表有权依法出席法庭观察审理。对于人民法院已经取得法律效力的判决，党的组织、国家机关、社会团体和公众必须予以尊重，有关团体和个人必须遵照执行。

人民检察院是老挝的诉讼机关。老挝设有人民总检察院、省人民检察院、市人民检察院、县人民检察院和军事检察院。人民检察院的职权是：正确、统一监督中央各部门、各社会团体、地方政府、企事业单位和人民群众执行法律的情况，以及行使诉讼权。根据国会常务委员会的提议，人民总检察长由国会选举和罢免，副总检察长由国会常务委员会任命和罢免。省、市人民检察长和副检察长，县人民检察长和副检察长以及军事检察长由人民总检察长任命和罢免。在执行检察任务时，人民检察机关只遵照法律行事，只执行总检察长的命令。

五、国家主席

国家主席是老挝人民民主共和国的国家元首，是老挝各族人民的代表。国家主席由国会选举产生，每届任期5年。

国家主席的主要职权是：根据国会的决定，公布实施宪法和法律；根据国会常务委员会的提议，发布命令、颁布条例；在国会批准或决定不信任案之后，任命或罢免国务院总理和国务院成员；根据国务院总理的提议，任命、调动和罢免省长和市长；根据国务院总理的提议，决定在国防力量和治安力量中服役的将军衔级的升降；担任人民武装力量的总司令；必要时担任政府首脑；授予国家的勋章、奖章和最高荣誉称号；决定免刑；决定全国总动员或者局部动员，决定全国或者某一地区处于紧急状态；宣布批准和废除同外国缔结的条约和协定；派遣和召回老挝驻外国的全权代表，接受外国驻老挝的全权代表。此外，还设立国家副主席，协助国家主席工作，并在国家主席不能履行职权时，代理其职务。

六、主要政党和团体

主要政党[①]

老挝人民革命党是老挝的执政党，其前身是印度支那共产

①马树洪、方芸：《列国志——老挝》，北京：社会科学文献出版社，2004年，第130-137页。

党的一部分。1955年3月，原印度支那共产党老挝籍党员代表在桑怒召开大会，成立了老挝人民党，选举凯山·丰威汉为总书记。1956年，老挝人民党将“老挝伊沙拉阵线”改组并扩大为“老挝爱国战线”。由于老挝人民党此时尚未公开，老挝爱国战线建立后，便以爱国战线的名义领导老挝人民进行抗美救国斗争。同时，老挝人民党也大规模发展党员，广泛吸收工人、农民、学生、公务员、商人、僧侣乃至王国国民议会的议员参加反美统一战线。进入70年代，老挝的抗美救国斗争不断取得新的胜利，1972年2月，老挝人民党第二次全国代表大会在桑怒省召开，大会决定将老挝人民党更名为“老挝人民革命党”，一直沿用至今。1975年8月23日，老挝人民赢得了抗美救国战争的最后胜利。12月2日，老挝人民民主共和国建立，老挝人民革命党也逐步公开，成为老挝的执政党。

在老挝人民民主共和国成立、老挝人民革命党成为老挝国家的领导核心后，老挝人民革命党全国代表大会定期召开。

1982年4月27—30日，老挝人民革命党第三次全国代表大会在万象召开。大会总结了过去的成绩，制定了党的总路线、总方针和总任务。然而从后来的具体实践来看，“三大”制定的路线和目标严重脱离了老挝实际，未起到指导和促进老挝社会主义事业建设和发展的实际作用。“三大”还修改了党章，选举了新的中央委员会，中央委员会选出了由7人组成的政治局和由9人组成的书记处，凯山·丰威汉再次当选为总书记。

1986年11月13—18日，老挝人民革命党第四次全国代表大会召开。“四大”总结了建国10年来的经验，重新认识老挝的现状，检讨了党的领导工作，决定进行经济体制和政治体制改革以及调整外交政策。因此，“四大”是老挝人民革命党历史上和老挝社会经济发展的一次重大转折。“四大”修改了党章，选举了中央委员会，其中委员51人，候补委员9人。新的中央委员会选出新的政治局（委员11人，候补委员2人）和书记处（9人），凯山·丰威汉连任总书记。从“四大”开始，老挝人民革命党比较客观地认识本国国情，制定了相应的革新开放政策。

1991年3月27—29日，老挝人民革命党第五次全国代表大会召开。大会总结了过去5年的经验和教训，进一步强调党在政治、经济、外交、军事等方面的重要地位和作用，对未来党的建设、如何发挥党的领导和核心作用、党组织工作的改革等做了安排。大会选出中央委员55人，候补中央委员4人，中央政治局委员11人。大会还一致决定成立中央顾问委员会。“五大”从老挝实际出发，第一次完整提出了老挝党和人民今后的总方针、总任务，重申在党的领导下进行政治体制改革，提出了深化政治经济改革、对外开放、发展商品经济的方针，强调要继续进行全面革新并制定了相应的政策。“五大”在加强党的领导、调整中央领导机构、逐步实现中央领导层的年轻化和知识化方面，迈出了重要的一步。“五大”对党中央领导机构作了重大调整，取消了“总书记”一职和中央书记处，改设中央委员会主席，实行主席领导下的集体领导机制，原总书记凯山·丰威汉当选为党的主席。另设党中央顾问委员会，由党内元老苏发努冯、富米·冯维希、西松喷·洛万赛三人组成。大会通过了关于修改党章的报告，新党章对老挝人民革命党的性质、宗旨、建设原则、各级党组织等作了一些修改。

1996年3月，老挝人民革命党第六次全国代表大会召开。“六大”总结了老挝实施有原则的全方位开放政策以来的经验和教训，进一步修订和完善了老挝实施全方位对外开放的方针、政策和具体措施。重申继续贯彻执行“五大”确定的有原则的全面革新路线，加强党的领导，继续坚持六项基本原则，即坚持马列主义是党的思想基础，党的领导是一切胜利的决定性因素，坚持集中原则基础上发扬民主，增强人民民主专政的力量和效力，坚持真正的爱国主义和国际主义相结合，强调社会主义是老挝始终坚持不渝的目标，“继续巩固人民民主制度，为逐步进入社会主义创造基本条件”。大会还制订了老挝至2020年摆脱不发达状况的奋斗目标，并明确指出党在新时期的新任务。“六大”选举坎代·西潘敦为党中央主席和新一届政治局委员。

2001年3月12日，老挝人民革命党第七次全国代表大会召开。“七大”肯定了执行革新开放政策15年来，特别是1996年“六大”以来老挝在各方面所取得的成就，同时也指出了存在的问题。再次明确在政治上老挝将继续坚持党的领导和社会主义方向，经济上实行社会主义市场经济，实施革新开放政策，提出了老挝人民革命党追求的目标，即“使老挝摆脱不发达的状况，将老挝发展为一个政治稳定、社会安定有序的国家，一个经济上以相对快的速度保持持续稳步发展的国家。”制订了第五个五年计划（2001—2005年）和为期20年的长期发展战略。“五五”计划明确提出以经济建设作为工作重心，保持经济的持续增长，将解决人民的温饱问题作为首要任务，加快发展，使国家尽快摆脱不发达状况。而在2001—2020年国家长远发展战略中，老挝人民革命党提出到2020年实现人均国民生产总值翻三番，国家基本摆脱欠发达状态，人民的物质和精神生活水平明显改善。“七大”会议是老挝人民革命党历史上的一次承前启后的会议。以坎代·西潘敦为核心的新一届领导集体的顺利重组，标志着党内团结得以加强，老挝政治局势实现了平稳过渡。

2006年3月18—21日，老挝人民革命党第八次全国代表大会召开。大会总结了实行革新开放政策20年以来及老党“七大”以来所取得的成就，制订了第六个五年计划（2006—2010年）的总方针和主要任务，强调要将老党建设成为一个纯洁、强大和稳健的执政党。此外，大会客观分析了老挝的国情，指出了在政治、经济、社会等方面的不足，提出要重点发展水电业、旅游业、采矿业、经济林和农作物种植以及发展水泥生产等，争取“六五”计划期间GDP平均每年增长不低于7.5%。大会进行了换届选举，实现了政权的平稳过渡。同意了坎代主席辞去老党中央委员会主席一职以及努哈·潘沙湾辞去老党中央委员会顾问一职的申请。选举朱马利·赛雅贡为老党中央委员会总书记，同时选举产生了7名书记处委员、11名中央政治局委员、55名中央委员会委员和3名中央纪律检查委员会委员。本届委员的平均年龄为57岁，持有硕士研究生以上学历的占全体委员的37.72%。

主要团体

老挝建国阵线是老挝的统一战线组织，成立于1956年1月6日，当时称为“老挝爱国战线”，1979年2月改为现名。其前身是1950年8月成立的“老挝伊沙拉阵线”。1956年1月老挝人民党将“老挝伊沙拉阵线”改组并扩大为“老挝爱国战线”。当时是老挝人民党领导下的公开组织，党的一切方针、政策都是通过它去指导、发动民众实施的。同时，爱国战线还担负着解放区的内政和外交职责。1976年以后，老挝人民革命党的身份公开，成为老挝的执政党，老挝爱国战线就不再作为党的公开组织了。1979年2月16—20日，老挝全国民族统一阵线召开全国代表大会，决定将老挝爱国战线改名为“老挝建国阵线”。

老挝工会联合会成立于1964年，是以老挝人民革命党为领导核心的老挝劳动者独立的社会政治组织，是维护劳动者利益的代表。老挝工会联合会的组织体系分四级，即：老挝工会联合会中央、省（直辖市）、县及规模较大单位的工会联合会以及基层工会联合会。

老挝人民革命青年团是老挝先进青年的群众性组织，也是老挝唯一的全国性青年组织。其前身是民主革命时期建立的青年联合会。1972年2月3—6日，老挝人民革命党召开第二次全国代表大会，决定建立老挝人民革命青年团，在党的直接领导下，作为党的助手、重要的后备力量和培养青年一代的学校。同年，老挝人民革命党成立了老挝爱国青年协会，决定以此为基础建立老挝人民革命青年团。

老挝妇女联合会是老挝妇女的群众性组织，1962年成立。该联合会的宗旨是：团结教育老挝妇女，全面维护妇女的权益，实现妇女在政治、经济、文化、社会和家庭生活等各方面享有同男子平等的权利，在保卫祖国和建设祖国的事业中发挥妇女的作用。

老挝佛教联合会于1962年在川圹康开成立，曾在老挝人民抗美斗争中发挥了积极的作用。该协会的宗旨是：鼓励僧侣积极参加各项有利于国家、有利于人民的活动。

☆国名：老挝人民民主共和国

☆首都：万象

☆国庆日：1975年12月2日

☆国旗：蓝底、红边、白色圆月旗，由三个长度相等的长方形组成。中间为蓝色，表示老挝美丽富饶的大地；上下两边为红色，表示老挝人民为捍卫自己的国土而英勇奋斗不惜牺牲生命流洒的鲜血；蓝色部分的中央绘有一个白色的圆月，表示老挝人民纯洁美好的爱国之心。

☆国徽：由塔銮、齿轮、稻穗、森林、公路、水电站等组成。塔銮象征老挝民族；齿轮表示正在发展中的老挝工业；稻穗代表农业；森林、公路和水电站，表示老挝美丽富饶的国土。

☆国花：鸡蛋花，又称为“占芭花”，它色彩素雅，香气四溢，秀丽多姿，是老挝民族美好的象征。

☆国歌：1975年12月2日的全国最高人民议会上通过。由老挝著名的作曲家通迪作曲，著名诗人西沙纳·西山作词。歌词的内容是：“全体老挝人民，自古全力奋起，同心协力，团结一致，共同坚定前进。维护老挝尊严，各族人民平等，发扬当家作主权利，不许帝国主义、卖国贼来捣乱。全国人民捍卫老挝的独立自由，坚决斗争，夺取胜利，把老挝民族引向繁荣。”

第二章
经济概况

本章导读

☆老挝经济发展经历了一个漫长而曲折的过程，长期属于欠发达的农业国家。近年来，老挝经济发展取得了前所未有的成绩，工业和服务业在三大产业中的比例逐年增加，发展速度在东盟各国中名列前茅，逐步建立了本国金融资本市场，进一步开放银行保险业务，实施北部“1、3、3、3”发展计划，推进经济特区建设。同时，形成了较具规模的优势产业，如：水电、采矿业和旅游业等。在老挝经济快速发展的形势下，中老经贸关系日益密切。

第一节　老挝经济发展的历史阶段

老挝是一个欠发达的农业国，农业在国民经济中占有主导地位。虽然战后老挝经济取得了较大发展，但是由于历史上长期受封建君主制的束缚和殖民主义者的剥削和掠夺，基础差，底子薄，经济发展受到一定的制约。

1893年，法国开始殖民老挝。从那时一直到现在的老挝经济经历了几个阶段：殖民地经济→半殖民地半封建经济→战时经济→社会主义计划经济→社会主义市场经济。①

（1）1893—1975年，老挝基本是殖民地经济，农业产值在国民经济中的比重达95%以上，其中，1945—1975年，老挝处在半殖民地半封建经济状态，农业比重占90%以上；

（2）1976—1985年，老挝为社会主义计划经济，农业比重占80%以上；

（3）1986—1995年，老挝逐步推行了社会主义市场经济，农业产值在国民生产总值中的比重逐步减少。

一、剥削中难发展：殖民统治时期的老挝经济

1893年，法国侵占老挝，将老挝变为其殖民地，并把老挝划入法属印度支那联邦的版图。老挝经济开始从封建君主经济和王家国库变为殖民主义经济和地方预算。

法国殖民老挝以后，将老挝划为12个省，并在全国设立五级行政机构，即：省、县、区、乡和村。省长和各部部长由法国人直接担任。同时还建立了法院、宪警队、密探局和监狱

①马树洪：《当代老挝经济》，昆明：云南大学出版社，2000年，第5~55页。

等。这些措施保证了法国殖民者在老挝的统治和经济利益。

在所有的西方殖民者当中，法国是最不重视殖民地国家的自身发展的，在老挝也不例外。在统治老挝的半个世纪中，法国施行的殖民主义经济政策完全着眼于法国殖民者的利益，而毫不顾及老挝经济的发展。法国在老挝建立了各种税捐机构和多达百种的税捐制度；征收土地，强制服役；对老挝的自然资源尤其是林矿资源进行掠夺性的采伐；利用老挝优越的自然条件，发展单一经济作物，建立了咖啡种植园、橡胶种植园和果木种植园等，此外还扩大在老挝的罂粟种植和鸦片生产；为了便于运输老挝的林、矿、农、牧等资源，法国还开通湄公河航道，其中最大的工程是在立匹大瀑布（位于老柬边境）上下两侧建立升船机，再修筑一条运船轨道跨越大瀑布，将往返船只从一侧运往另一侧。大瀑布运船设施由法国人经营了40年，于1945年由于日本占领老挝而废弃。此外，法国还修筑了一些公路。法国殖民者正是通过以上的经济措施，大肆掠夺老挝的原料和财富，却没有从事任何工业建设。在统治老挝的半个世纪里，法国没有在老挝建立过一家像样的工厂，老挝的工业品几乎全部依靠进口。此时的老挝经济完全是贫困落后的自然经济。

1945年日本攻占老挝。1946年法军卷土重来，更加变本加厉地对老挝进行掠夺，仅税收就比1945年前增加了20多倍。1954年老挝取得了独立，但英美等新殖民主义者很快进入老挝，步法国之后尘，扶持亲美势力，对老挝进行剥削。老挝除了交通运输业为适应战争需要取得一定的发展外，其他经济部门的发展微乎其微。

综上所述，以上时期的老挝经济都处于殖民主义的控制下，属于殖民主义经济的范畴。在以法国殖民者为主的各殖民主义国家的侵略和剥削下，老挝经济艰难生存，无从发展。

二、摸索中向前进：共和国建立初期的老挝经济

1975年12月2日，老挝人民民主共和国成立。共和国建立后，老挝党和政府实行了农业合作化、工业国有化、商业统购统销和一系列的社会主义计划经济政策和措施。这些政策措施在恢复战争创伤、稳定社会、恢复生产、重建家园等方面起到了重要作用，但由于缺乏经验，某些措施脱离了老挝的社会实际，未能充分调动人们的生产积极性，从而影响了经济的发展，后来逐步进行了调整。

老挝人民民主共和国成立后，首先在全国开展农业社会主义改造运动，提出"以农林业作为发展工业的基础"的方针，农业生产取得了很大发展，但据有关分析人士认为，发展的主要原因一是起点很低，二是没有自然灾害，三是战后人们的生产积极性提高。而农业合作化本身对农业发展的推动作用不大。到80年代中期，农业合作社的弊端日趋明显，因此老挝党和政府对其进行了更大的调整，最后解散了农业合作社。

老挝政府同时推行了工业国有化运动，将原来由外国、外侨、皇室和老挝私人经营的工厂、矿场、作坊、林场和其他企业收归国有，由政府委派干部进行管理和经营，产品由国家统一调拨。老挝的工业国有化旨在加快社会主义建设，打击资本主义势力，建立工业基础设施，但成效不大。这一政策的实施，导致大批资产者和产业主以及技术人员被迫背井离乡，直接造成了资金外流，人才紧缺，许多工厂、作坊、林场和矿场难以为继，逐步关闭或破产。面对这种情况，老挝政府逐步调整政策，扭转了老挝工业的资金和人才外流的趋势，国营企业有了发展，私营工厂也渐渐恢复了生产。在老挝实施工业国有化期间，其工业产值和产量有较大的增长，主要是外国援建的

工厂和企业起的作用，原有的厂矿企业也有部分增产，有的处于整顿或重建状态。

老挝人民民主共和国成立初期，党和政府“为打击资本主义势力和建设社会主义经济体制”，对商业（包括内贸和外贸）实施了统购统销政策。造成许多商店关闭，商人弃商务农、改行或出逃，市场萧条，商品紧缺。老挝政府对此进行了反思和调整。“三大”以后，逐步形成了包括自然或半自然经济、小商品经济、私人资本经济、国家资本经济、公私合营经济五种经济成分并存的局面。到了80年代中期，经过老挝党和政府对商业统购统销政策的逐步改革，市场出现了初步繁荣的景象。

此外，建国初期，老挝政府集中了大部分财力物力进行基础设施建设，包括扩建和改建公路、机场、电站、邮政通信设施等，取得了较大改善和发展。但由于老挝经济基础差，加之长期的战争破坏，基础设施从整体上来看还处于较落后水平。

三、新政中大跨步：革新开放以来老挝经济的发展

20世纪80年代开始，老挝人民革命党和政府对过去的经济政策进行反思和研究，逐步调整和改革经济体制和经济政策，对外经济逐步从封闭走向开放、合作，全方位求援和引进外资。同时，逐步制定和完善经济法规，并制订了年度经济发展规划和五个五年计划，对经济发展进行宏观调控，促使经济向着市场化、区域化和国际化的方向发展。

1985年11月召开的老挝人民革命党“四大”决定实行革新开放政策，1986年老党四届七中全会确定，老挝仍处于“继续建设和发展人民民主制度，为逐步进入社会主义创造基本条件阶段”，中心任务是“大力发展商品生产，由自然、半自然经

济向商品经济过渡”，并开始实行革新开放。

1991年3月，老挝人民革命党召开的“五大”提出了“有原则的全面革新路线”，即在坚持社会主义目标、马列主义指导思想、党的领导、民主集中制、人民民主专政、爱国主义和国际主义相结合的“六项基本原则”基础上实行全面经济体制改革，改革的目标是实现土地和企业私有化及市场经济。

1996年3月召开的老挝人民革命党“六大”总结了老挝实施革新开放政策以来的经验和教训，进一步修订了老挝对外开放的方针、政策和具体措施，其中对加强老中合作关系给予了高度重视。此外，“六大”重申继续执行“五大”路线，强调坚持党的领导和社会主义方向，大力发展国家经济，并制定了到2020年基本摆脱不发达状态的奋斗目标。

2001年3月召开的老挝人民革命党“七大”提出要进一步深化和扩大国际经济合作，开辟良好的国际经济合作环境。其中提到要进一步扩大同中国兄弟友谊和全面合作关系。此外，老挝政府在认真总结经验教训的基础上，根据“七大”精神，制定了老挝社会经济发展的第五个五年计划（2001—2005年）及未来20年经济发展的“三步走”战略规划，提出到2010年基本消除贫困，到2020年摆脱不发达状态，人民生活水平翻两番，逐步实现工业化和现代化。

2006年3月召开的老挝人民革命党“八大”回顾了20年来革新路线的实践，深入总结和评价了革新开放取得的伟大成果。实行革新路线20年来，综合国力得到提高，国民经济富有活力且持续发展，实现年增长6.2%，人均国民生产总值翻两番，人民的物质和精神生活得到显著改善和提高。大会重申了到2020年必须摆脱国家欠发达状况、人均收入较现在翻三番的奋斗目标。强调2006—2010年是奠定今后发展基础的重要时期，必须努力保证国家政治稳定，实现国民经济平均增长7.5%。到2010年年人均收入达800美元，人民物质文化生活水平进一步改善。为此，大会提出了七条总方针和总任务。会议报告还指出，要为早日加入WTO和东盟自由贸易区而积极准备；建立发行债券的机制；争取“六五”期间在万象市建立股市。

第二节　老挝经济发展现状

一、近年来经济发展总体情况

2006年老挝八大以来，老挝政府贯彻执行八大决议和“六五”计划，政治社会保持稳定，经济经受了国际金融危机、甲型H1N1流感和国家市场矿产价格波动等考验，保持了较快持续增长。“六五”期间，老挝实现财政收入38.1万亿基普，占GDP的17%，完成计划的105%。财政收入计划落实良好，连续3年超过了国会通过的指标任务。财政支出总计达49.1万亿基普，完成了计划的99.9%，平均占GDP的22%。财政赤字状况逐步好转，从2005—2006年度GDP的6.9%降至2009—2010年度的4.1%。实际财政赤字11万亿基普，约占GDP的5%，低于“六五”计划的5.8%。

2009—2010财年是老挝“六五”（2006—2010年）规划的收官之年，据老方统计，本财年老GDP达59.67亿美元，增长7.9%，超出计划0.4个百分点。人均国民收入1，030美元，较上年增长14.6%。吸引国内外投资16.41亿美元，超出计划64%。[①]

①中国驻老挝经商处网站。

2010年前三季度实施积极的财政政策刺激经济增长，全年货币供应量增长25%。第四季度通胀率达7.65%，环比增长58.3%，通胀压力开始显现。为防止经济过热，9月份，老挝央行将政策年利率由5%下调至4%，转为实行从紧的货币政策。同期基普存款利率回落。分析认为，从中长期趋势来看，贷款利率总体呈下降趋势。

基普汇率方面，从2010年初至9月初，基普对单位美元汇率从8,477逼近8,000关口。央行制定了将基普对美元汇率波动限制在5%以内的目标。同期，基普对泰铢汇率出现小幅贬值。为此，央行10月出台了《关于商业银行保持一定比例外汇的决定》，对商业银行单种外汇和总体外汇持有比例做出规定。近几年来基普汇率波动情况如下图所示：

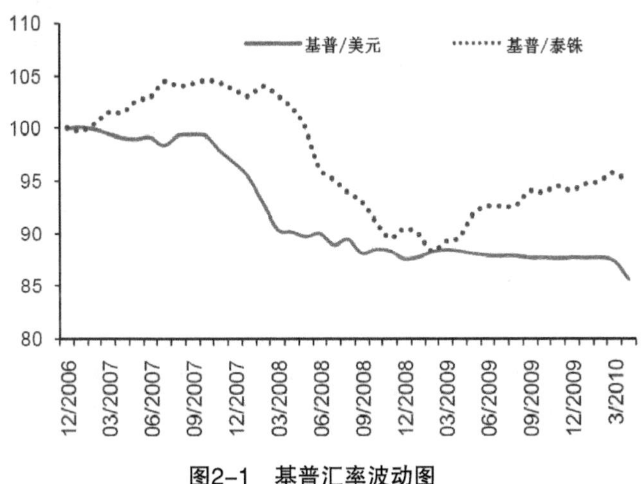

图2-1　基普汇率波动图

数据来源：世界银行2010年。

吸引外资方面，2009年，老挝批准外资项目208个，协议金额43亿美元。2009—2010财年共吸引外资43亿美元，同比增长约11倍，年度新批外商投资12.4亿美元，主要外商直接投资分别来自中国、越南、泰国、韩国、美国和澳大利亚，领域多集中在电力、矿产、农业、服务业等行业。近几年来外国在老直接投资领域大致分布情况如下图：

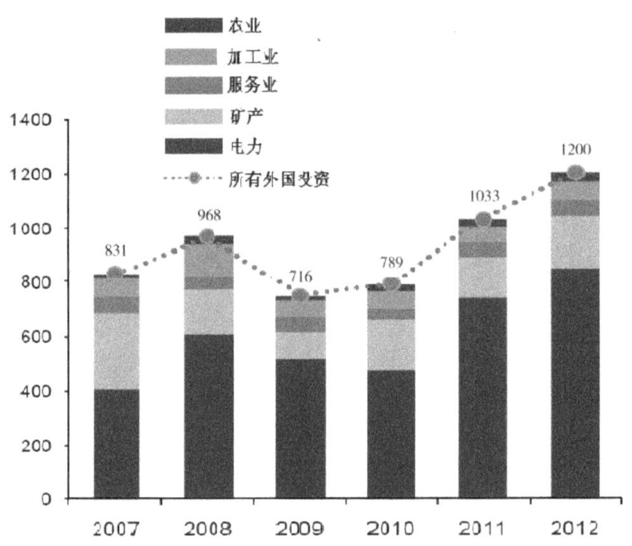

图2-2 2007—2012年外国直接投资情况（单位：百万美元）

资料来源：世界银行2010年。

老挝劳动力价格也随着社会经济的增长而增长，自2009年5月1日起，老挝国内最低基本工资从34美元调高至41美元。此外用工单位还需支付每人每天约1美元的生活费。即在不缺勤的情况下，最低工资水平上涨为67美元。

二、产业结构及产业政策

2001年制定的20年（2001—2020年）发展方略指出：“应实施产业和资源的合理配置。根据地区特点，建立和完善农林业、工业和服务业相配套的产业结构。”

老挝是个传统的农业国，农业一直占很大的比重，城市化进程相对缓慢；工业基础较为薄弱，工业尚处于起步阶段，经济增长较快，但投资（尤其是外资）拉动依赖度很高；现代服务业发展较晚，尚未形成完整的体系，服务业增长主要体现在旅游业的发展。目前，农业、工业、服务业的比重分别为30%、32%和38%，农业劳动力占全国总劳动力的75%左右。2005—2010年间，外国援助占老挝财政总收入的比重依然较高，约占14.4%。但总体趋势是逐渐降低，由2006财年的19.7%下降至2009财年的14%。

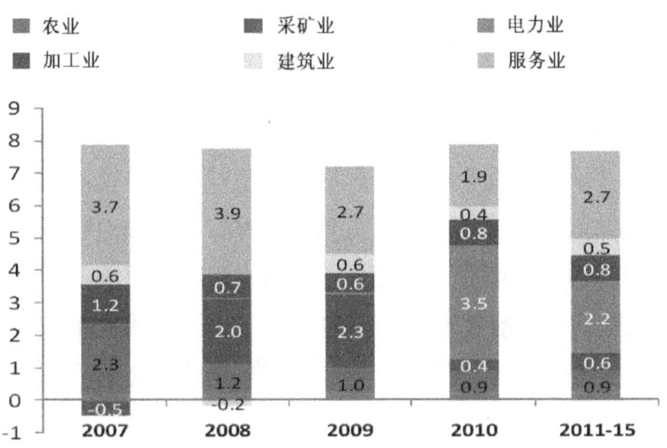

图2-3　各产业对GDP增长作出的贡献（%）

数据来源：世界银行2010年。

（一）农业及其产业政策

——自给自足的传统农业

农业是老挝的支柱产业，在国民经济中一直占有重要地位。老挝属热带季风气候，日照时间长，雨水充足，农业开发条件较好。目前，老挝只有600多万人口，却拥有23万多平方公里的国土面积，而且土地肥沃，自然资源丰富，森林面积占国土面积的52%。可以说，老挝具有发展农业的得天独厚的地理和气候条件。第一，老挝拥有几片较大面积的平原，包括：沙湾拿吉平原、巴色平原、万象平原、北汕平原以及中北部的一些平坝和谷地。这些地区水源充足，土质肥沃，适合发展水稻生产，一些地区一年可种植水稻两季，有些地区可种植三季；第二，老挝南部的波罗芬高原、中部的甘蒙高原以及北部的川圹高原和会芬高原适合咖啡、橡胶、烟草、茶叶等各种经济作物的种植；第三，老挝处于热带亚热带地区，其气候、土壤等地理条件适宜果树的生长，成活率高，生长期快，且闲置地较多，这些都为发展果类作物生产提供了良好条件。但是，老挝农业水利设施较差，灌溉、排水等基础设施缺乏，抵御自然灾害的能力不足，农业生产受旱季和雨季变化的影响明显，加之资金、技术和劳动力缺乏，老挝农作物种植的单位面积产量依然普遍偏低，资源优势尚未得到充分发挥，部分地区还不能解决温饱问题，农业总体上还属于自给自足的传统农业。老挝的主要农作物包括粮食作物、经济作物、果类作物和药类作物。其中较重要的有水稻、玉米、薯类、咖啡、橡胶及各种珍稀药材。

农业占老挝GDP的比重一直较大，20世纪70年代为70%~80%，80年代为60%~70%，90年代为54%~60%。近年来，随着第二、三产业的不断发展，老挝农业生产总值在国民生产总值中的比例逐渐下降，但截至2009年，仍占30%，农业劳动力仍然占全国劳动力的75%。据统计，2009—2010财年上半年，由于受到国际金融危机的影响，老挝农产品及养殖类产品出口1914.82美元，同比下降70.2%，其中农产品出口1,914.35美元，同比下降约69.7%。2010年老挝咖啡出口额达3,200万美元，位居老挝农产品出口第一位。可以预见的是，农业在将来较长的一段时期内仍将是老挝经济社会发展的支柱产业。

——农业政策和战略

为了促进农业发展，老挝政府不断完善产业政策。在老挝政府2001年制定的近、中、长期发展战略规划中，针对当前老挝农业生产中存在的问题，确定了从市场开发、人力资源开发、农业管理的地方化、农业生产经营多样化、农业生产经营技术培训、流域整合管理、农牧林业的可持续发展等方面的优先政策以及通过这些优先政策的实施，发展农业生产，加快农村开发，期望在2020年以前消除贫困。①具体说来，基于长期内农业依然将占据主导地位的国情，老挝政府将进一步夯实农业的基础地位，争取为实现国民经济转型，为工业、贸易及其服务业等相关产业发展提供产品原料支撑。调整农业经济发展方向，优化农业经济结构，因地制宜将资源优势转化为经济优势，促进传统农业向现代农业的转型。同时，老挝也希望在农产品加工、茶叶、甘蔗制糖、养殖等方面与国外企业加强合作，既吸纳资金，又引进技术。目前，老挝与中国农业的合作领域包括：农业示范园建设；农业资源的合作开发，如：橡胶、木薯、甘蔗等。

（二）工业及其产业政策

——起步阶段的工业

老挝工业基础薄弱，工业产值在GDP中所占比重较小，1976—1985年占15%以下，1986—1995年占20%以下。近年来，老挝工业发展较快，工业生产总值年均增长约11%，工业占全国GDP的26%，以农林牧产品加工和服装服饰加工为主，涵盖

①米良主编：《老挝人民民主共和国经济贸易法律指南》，北京：中国法制出版社，2006年，第13页。

食品和饮料加工、木材加工、建材制造、服装加工、烟草加工、制鞋工业等。新增工业主要有木薯淀粉加工、饲料加工、肉类加工、橡胶加工、成品咖啡加工、松香加工和钾盐加工等。来料加工的服装、木材及木制品和少量加工食品有一定量的出口；燃油、车辆及其配件需大量进口，粮食、服装、建材、服装加工所需原料等进口量较大。

虽然近年来老挝工业发展较快，但大多数工业产品包括生活必需品的生产能力较弱，难以满足国内市场需求，进口依赖性较强。据统计，各种工业产品中，仅有白酒和啤酒、饮料基本可以实现自给，食糖有20%供应缺口，水泥的供应缺口达40%，钢筋的供应缺口达到82%。目前，老挝共有工业加工厂两万多家，其中大型工厂300多家，中型工厂400多家，大部分为小型工厂，占总量的90%以上，基本没有重工业。近年来老挝工业中发展最快的是采矿业和水电业。丰富的矿产资源和水力资源为以上两个行业的发展提供了天然的优势，同时，老挝政府与外国企业进行了积极有效的合作，采矿业和水电业潜力巨大，前景广阔。

为了提高招商引资的力度，促进产业集中化，“六五”期间，老挝还兴建了一批工业园区。目前，全国16个省（除色公省以外），拟在建工业园区16个，总面积达25,515公顷。

——工业政策和战略

从20世纪80年代开始，老挝政府积极推行全面革新政策，在工业领域也开始实施新政策，主要包括：逐步改革工业管理体制，在工业领域推行市场经济体制；进口替代工业与出口优势工业并重，实施全面发展战略，逐步建立民族工业，即一方面大量发行建设债券和多方筹集资金以加速发展日用品工业和建材工业，另一方面广泛争取外资、外援和与外商合作发展电力、矿业和木材加工工业；发展具有竞争优势的加工工业，引进先进的技术进行生产，提高本国生产的产品的竞争力，扩大出口；实施“资源换资金战略”，并出台新的《矿产法》和《投资促进法》，为外商投资提供更多便利条件，吸引外资注入工业尤其是优势行业开发；把发展工业与节约能源、保护环境和可持续发展结合起来。

同时，根据老挝《经济社会报》2011年2月的报道，老挝国家商业改革委员会最近制定了《至2020年商业—企业改革与发展6大战略计划》（草案），其中包括11个国营商业发展计划和5个与群众合作经济促进计划，将以家庭经济为出发点，着力改善（企业）资金实力、人事制度和市场竞争管理，促进国有企业、混合企业和合作企业的全面发展，扩大对外贸易和不断增强外资吸引力。①

（三）以旅游业为主的服务业

老挝服务业主要包括旅游业、建筑业、保险业、社会服务业等。由于老挝的现代服务业起步较晚，整体发展水平还偏低，目前服务业占国民生产总值的比重约为38%，主要来自旅游业。

三、近年来老挝经济发展的亮点

（一）逐步建立本国金融资本市场

老挝有关方面认为，由于老挝金融市场未发行企业债券等金融产品，企业无法通过发行债券的方式从社会上筹集资金，大部分企业只能通过短期贷款的方式扩大业务经营，这样的方式导致成本高，不利于企业的长期发展。因此建立企业债券市

①引自中国驻老挝经商处网站。

场很有必要。

老挝政府于2006年开始筹建证券市场。2006年老挝人民革命党八大新一届政府在“新经济社会发展计划”中提出将于2010年建立老挝证券市场的目标。2007年10月11日，老挝国务院总理办事处召开会议。2007年11月16日，老挝政府宣布成立证券市场建立总指导委员会，指导证券市场建立。证券市场建立总指导委员会由国务院常务委员，副总理为指导主席，由工业贸易部长、财政部长、老挝国家中央银行行长、国家巩固经营委员会办事处主席为四位委员。工业贸易部、财政部、国家巩固经营办事处为中央银行协调各项工作。2008年1月22日宣布老挝证券市场建设负责委员会，该委员会由中央银行组建。2008年11月26日老挝中央银行宣布实施“老挝证券市场企业准入条例”。2009年2月9日老挝证券市场筹备工作组召开为2010年建立老挝证券市场做准备的“发展老挝企业债券市场”座谈会。2009年7月22日，老挝中央银行与韩国证券（公司）签署合资共建老挝证券市场协议，其中老方以证券大楼及场地作资，占51%股份，韩方则负责提供系统软件、硬件设备及人才培训，占49%股份。2009年5月25日老挝政府总理下令宣布成立老挝证券及证券市场管理委员会，由老挝政府常务副总理担任主席，老挝中央银行负责操作并指导证券市场建设运营工作，确保在2010年底前建成老挝证券市场。此时申请上市交易的公司有老挝国家电力公司、老挝外商银行、老挝航空公司和老挝电信公司等四家公司。

2010年10月，老挝证券市场挂牌成立。2011年1月11日上午，老挝证监会举行老挝证券市场启动仪式，首轮发行外贸银行和公共发电两支股票，总市值近20亿美元。两支上市股票首日成交金额20多亿基普（约合25万美元）。金融资本市场的建立，为老挝企业融资开辟了新的渠道。按照老“七五”规划，未来五年需国内外投资150亿美元，其中老政府投资和国外援助可解决50%，其余50%资金重点通过资本市场募集。

（二）进一步开放银行保险业务

随着外商投资需求增长，老政府进一步开放本国银行、保险业务。年内新批设立老—越和老—法合资银行各一家。目前，除外贸银行、开发银行、农业发展银行和政策银行4家国有银行外，合资银行、外资银行、私营银行的数量已达23家。来自日本、泰国、越南等国的保险公司也相继在老开立保险业务。

（三）老挝北部“1、3、3、3”发展计划

老挝政府加快北部山区工业的发展，老北工业经济发展规划内容主要有：为提高老挝北部人民生活水平，将工业作为产业发展支柱，包括冶金、电力、加工业及贸易等。规划分为2008—2015年近期规划及2015—2020年长远规划，按“1、3、3、3”方针发展，其中1以琅勃拉邦经济为中心；3条经济走廊，即：中国—磨丁—琅南塔—会晒—泰国经济走廊、中国—磨丁—琅勃拉邦—万象—泰国经济走廊及泰国—老挝—越南经济走廊；3个工业聚集区，即：万象工业区、乌多姆赛工业区及川圹工业区；3个边境贸易区，即：老中磨丁边境贸易区、老泰会晒边境贸易及老越华潘省那苗边境贸易区。同时磋商研究建设铁路、纵向横向交通干线及国内外水路空中运输线，促进外贸发展。

（四）经济特区建设

老政府非常重视发展特区经济建设，希望通过特区示范和辐射效应推进革新开放。2009年修订的《投资促进管理法》鼓励经济特区、新城开发、专属经济区建设。10月，国会通过了《关于特区的政府令》，明确了特区管理及吸引外资的相关规

定，由老挝经济特区管理委员会负责协助政府研究制定特区相关政策、法规和发展规划。2010年10月26日老挝国会通过了关于《在老挝特别经济区和专门经济区》的政府令。老挝政府为此成立了国家管理特别经济区和专门经济区委员会，该委员会由老挝政府常务副总理宋沙瓦·凌沙瓦任主任，计划投资部部长、工贸部部长及公共工程运输部部长为副主任，以加大引进外资、推动经济特区建设力度。

老挝现有3个经济特区，于2003年在沙湾拿吉省建立沙湾—色诺经济特区，于2010年在南塔省建立磨丁黄金城及波乔省金三角经济特区。按老挝政府“七五”规划，将于2015年建成10个经济特区，即分别在万象市、甘蒙省、川圹省、华潘省、占巴塞省及沙耶武里省建立经济特区。

四、近年来重点行业发展情况

老挝自然资源丰富，开发还处于起步阶段，近年来逐步形成了水电、采矿业和旅游业几大支柱性产业。其中尤以水电和采矿业的发展最为显著，我们可以从下表中得到较为直观的认识。

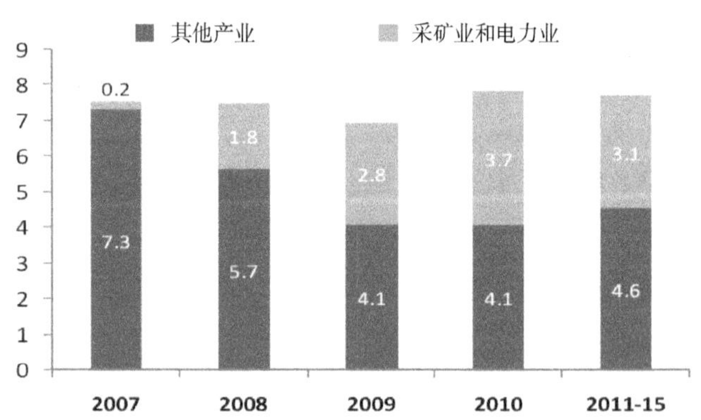

图2-4　水电和采矿业及其他产业对GDP增长作出的贡献（%）

数据来源：世界银行2010年。

——水电

老挝全国有20多条流程200公里以上的河流，纵贯全境的湄公河流经老挝境内，全长1,877公里。水电资源丰富，可开发潜力较大。经电力勘察设计部门勘查，老挝境内水电资源理论蕴藏总量约为3,000万千瓦，技术可开发总量为2,347万千瓦，其中湄公河干流1,225万千瓦（国际界河按1/2分摊水资源），约占全国技术可开发量的52.2%，湄公河支流及其他支流1,122万千瓦，约占全国技术可开发量的47.3%。老挝政府高度重视本国水电资源开发和利用，提出要将老挝建成“中南半岛蓄电池”的目标，为实现摆脱国家贫困和逐步实现工业化和现代化提供战略依托。①

据统计，2009年度，老挝国内发电总量仅为33.9亿度，从邻国进口8.2亿度，其中中国2,158万度，泰国7.72亿度，越南2,539万度；老挝出口电量2.3亿度，创汇835万美元（3.6美分/度）。随着新建成电站陆续投入使用，老挝政府预计未来5年的电力税收总额将达8.8亿美元，年均约1.75亿美元，占年度财政收入约15%，占GDP约3%。（经商处）在今后10~20年间，水电资源开发仍将是老挝国民经济发展的重点领域之一。

——采矿业

采矿业的发展是老挝工业的重要组成部分，除了矿产品出口创汇以外，还能为工业的发展提供必要的原料和材料，如农机工业、建材工业、机械工业及其他制造业和加工业。因此，老挝政府已将采矿业列为重点发展行业。

老挝矿产资源丰富，种类较多，目前已发现的有金、银、铜、铁、锡、铝、铅、锌、锰、煤炭、钾盐和金刚石等，但

①中国驻老挝经商处网站。

多数矿藏资源还未进行开发，其矿源、储量、品位、具体分布和开发价值也尚未进行全面勘察。“五五”计划（2001—2005年）期间，老挝政府已开始重视矿藏勘测和开发，到2005年，已吸收了22家外国公司和37家老挝公司的参与，并取得了明显成效，查清了老挝的主要矿源及其分布。“六五”计划（2006—2010年）期间，老挝政府继续加大对矿藏勘测和开发的投入，并制定了23项具体的矿藏勘测规划项目。截至目前，老挝共颁发了269个探矿和采矿权，80%以上正在进行普查和勘探。根据已知的勘查情况，目前分布在老挝中部和南部的钾盐矿、铝土矿资源储量较大，资源优势明显。据统计，老挝大约有金矿石储量1,700万吨、铅锌矿石80万吨和可用于提炼290万吨铜的1.82亿吨矿石。此外还有锡矿石160万吨、铝土矿1.25亿吨、铁矿石1,400万吨、石膏1.28亿吨、钾盐矿石3.9亿吨和煤矿石储量3.74亿吨。

随着老挝政府实行对外开放和吸引外国投资政策的力度不断加大，老挝矿产开发产值占GDP比重越来越大，2000年度矿产产值占GDP的比重仅为0.5%，2006年上升为5.5%，2010年预计可达10%，“六五”期间矿业生产总值年均增长率达到了19.91%。矿产品出口在老挝出口总额中位居第一。老挝能源矿产部预计2009—2010年度矿产品出口将达9亿多美元。据分析人士指出，矿业可能成为老挝未来经济发展最具潜力的领域。

——旅游业

老挝拥有绚丽多姿的自然景观和数目众多的历史文物古迹。目前，古都琅勃拉邦和占巴塞瓦普寺已被列入世界文化遗产。蕴含千年不解之谜的川圹石缸平原，民俗气息浓郁的古都琅勃拉邦，洋溢法式风情的巴色，传奇的婆罗门教神庙瓦普石庙，加上风景绮丽的湄公河自然景观，淳朴温和热情好客的老挝人民，这一切都吸引着越来越多的外国游客前往老挝旅游。

同时，区域组织又为老挝的旅游业发展创造了条件。东盟和湄公河次区域组织都很重视区域内国家的旅游业发展，并取得了喜人的成绩。据统计，东盟各国每年接待的游客量约为6,500万人次，其中40%为东盟区域内游客，20%来自中国、日本和韩国，10%来自欧美国家。旅游业已成为东盟国家重要经济支柱产业之一。[①]2011年1月于柬埔寨金边召开的东盟旅游部长会议上，东盟10国旅游部长签署了《2011年至2015年东盟旅游发展战略计划》，主要内容有：加强东盟旅游宣传和东盟旅游产品建设、培养旅游人才、实现航空自由、维护旅游安全、到2015年实现东盟区域内各国公民免签证、对其他国家游客实行东盟单一签证等措施，同时大力发展文化和生态旅游，旨在将东盟地区建设成世界一流的旅游目的地。

老挝政府也积极采取措施，为发展旅游业提供更多便利。老挝政府采取的措施主要有：增设通关口岸、延长签证停留期、免除部分国家签证以及提供外国投资优惠政策等。截至2010年，老挝政府共设立21个国际通关口岸，其中16个口岸可以办理落地签证；签证停留期为30天，可延长30天；免除东盟国家及部分国家的签证；外国投资者可以独资经营大型酒店、餐馆，还可以与老挝企业和个人合资开办旅游公司，外方持股比例最低30%，最高70%。

近年来，老挝旅游业发展迅速，在促进国民经济发展、增加国民收入方面发挥了重大的作用。据统计，自2000年以来的近十年时间，来老挝旅游的外国人数年均增长20%，2000年来老挝旅游的外国人数仅70万人次，2008年达170万人次。[②]2010

①新华网2011年1月16日新闻。

②老挝《人民报》2009年7月21日新闻。

年老挝共吸引250万名外国游客到老挝观光旅游，比上年增长24.5%，旅游收入达3.6亿美元，成为继水电、矿产之后的第三支柱产业。

五、外贸情况

作为一个农业国家，老挝国内所需的各种商品基本依赖进口。主要进口商品有各种车辆、机械、汽油、建材、医药、日用品及家用电器等；主要出口商品有水电、有色金属、农林产品和手工产品等，近年来资源能源型产品的出口占出口总额的主要部分。大宗出口商品主要是电力和矿产。

2009—2010财年，进出口贸易额34.6亿美元，增长57.99%。其中，出口17.89亿美元，增长59.1%，超计划71.3%；进口16.71亿美元，增长56.77%，超计划44.47%。进出口基本保持平衡。[①]出口额的增长主要源自矿产和电力的出口。大型水电站项目的建成在很大程度上增加了出口额，如南吞2号水电站。其他非资源类（农业、纺织品、木材制品）出口也有一定的增加。由于欧洲和美国市场采购数额增加，纺织品出口恢复。旅游业创汇增长较快，游客主要来自本地区内部，尤其是泰国、中国、越南、日本和各亚洲国家。西方游客数量也有所增加，但增幅较小。进口额增加主要源于国内购买力和进口商品价格两方面的原因。为满足出口增加的需求和大型建筑项目的需求以及基于进口商品价格的回升，非资源产业的资金商品和原材料进口增加。资源产业的进口有所减缓，主要因为一些大型建筑项目顺利完工。但预计随着新项目的立项和开工，2011年资源部门的进口将恢复。由于需求量的增加和商品价格

①中国驻老挝经商处网站。

上升，消费品进口额增加。

以下是世界银行对近几年老挝进出口情况的总结以及对未来几年进出口情况的预测：

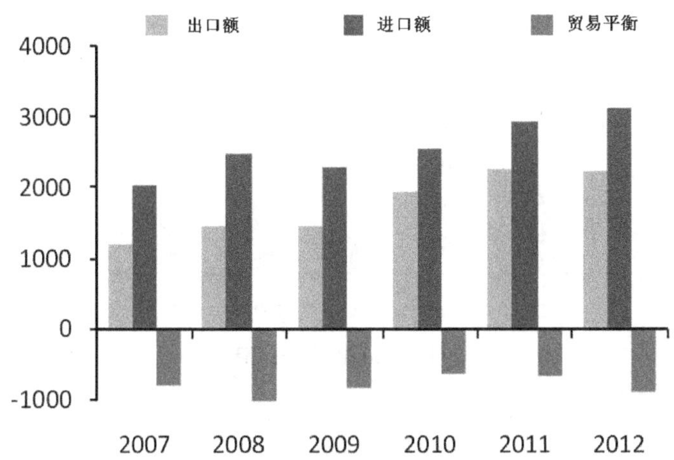

图2-5 2007—2012年进出口情况（单位：百万美元）

资料来源：世界银行2010年。

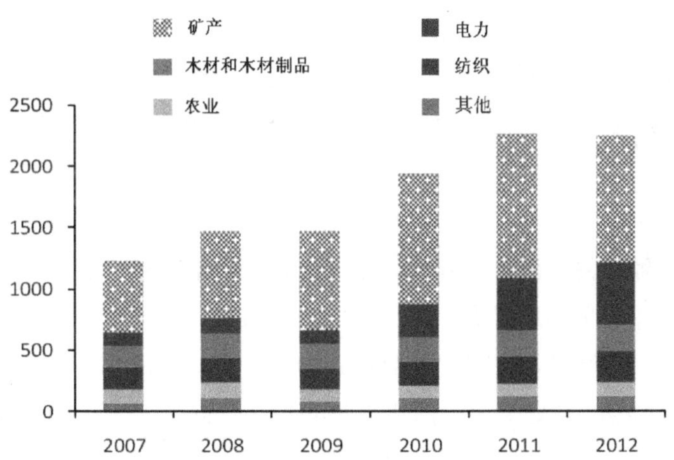

图2-6 2007—2012年各行业出口情况（单位：百万美元）

资料来源：世界银行2010年。

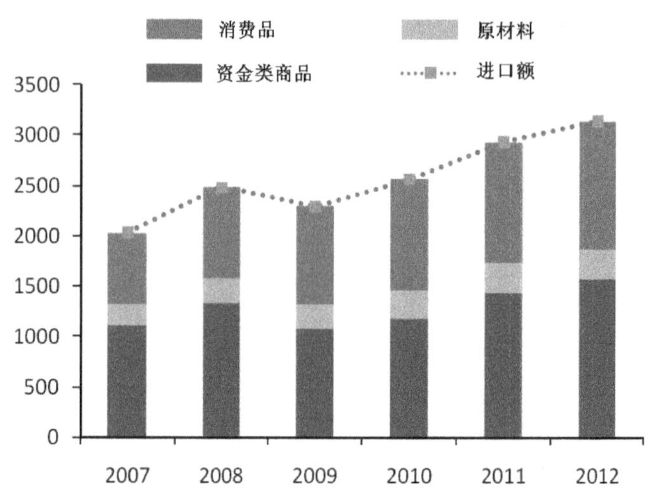

图2-7　2007—2012年主要商品种类进口情况（单位：百万美元）

资料来源：世界银行2010年。

第三节　中老两国经贸情况[①]

在“长期稳定、睦邻友好、彼此信赖、全面合作”方针的指引下，中老两国经贸合作发展顺利，合作水平不断提高。中老双边贸易额保持快速增长。中资企业对老投资方兴未艾，中国跃居为老挝外来投资第一位。两国一些重大经贸合作项目进展顺利，双方就一批大型水电、矿产项目达成合作意向。中老两国经贸关系正朝着不断扩大和深化的方向发展。

（一）双边贸易

21 世纪以来中老贸易保持稳步增长，2006年，中老双边贸易额达2.18亿美元，同比增长69.38%。2007年，中老双边贸易额为2.49亿美元，比2004年增长218.4%。其中，中国对老挝

①参考中国国家开发银行、中国商务部及中国驻老挝经商处资料。

出口1.64亿美元，进口0.85亿美元，分别比2004年增长162.4%和653.8%。2008年，中老双边贸易额4.2亿美元，同比增长57.5%，其中中方出口2.7亿美元，同比增长50.7%，进口1.5亿美元，同比增长71.5%，中国对老贸易顺差1.2亿美元；2009年，中老双边贸易额为7.44亿美元，比上年增长84.9%，其中中方出口3.77亿美元，同比增长40.5%，进口3.67亿美元，同比增长173.6%，两国贸易额基本持平；2010年双边贸易额为10.55亿美元，同比增长40.3%，其中中方出口4.84亿美元，进口5.71亿美元，分别增长28.2%和52.5%。

通过以上数据可见中老两国贸易额增速较快，但却存在结构单一的问题。中国对老挝出口增量主要以投资和援助项下的物资设备如钢材、工程机械带动，产品比较单一，高科技产品偏少。一般贸易商品仍然局限于摩托车、家电、农机、服装、建材和日用百货等，总量约占老挝全国市场份额的20%；中国从老挝进口增量主要以矿产品为主，一般贸易商品仍以木制品和木薯、玉米、甘蔗、大豆等农产品为主。2010年中国对老主要出口商品为服装及服装加工所需品、汽车、摩托车、钢材、床垫及箱包等；中国从老挝进口主要商品为铜砂及其金矿、未锻造的铜及铜材、原木、农产品、锯材和粮食。从贸易结构上看，中国建材、成套设备、服装和日用百货、家电、电力、车辆及其零配件、计算机及网络产品等对老挝出口潜力较大。而矿产品、木材、家具、农产品及手工业制品等自老挝进口潜力较大。

此外，中国还致力于改善中老两国贸易长期存在的不平衡问题。一、双方利用“早期收获”计划实现相互降税。根据早期收获计划的规定，2004年1月1日起，中方对从老挝等国进口的500余种农产品（主要是《税则》第一章至第八章的农产品）和少部分工业品给予特别关税优惠安排，到2006年，这些产品的关税全部降为0；二、零关税待遇。2004年1月1日起，中方对老挝239个产品对华出口提供特惠关税待遇，对其中202个税号的产品提供了零关税待遇。2005年，中方对老挝扩大特惠关税待遇的产品范围，新增91个产品，并于2006年1月1日正式实施。截至2010年，中方已对老方共计330个产品分两批实行单方面零关税待遇；三、帮助老挝企业开展贸促活动。从2004年起，中方一直为老挝企业参加中国—东盟博览会提供免费展位，并积极邀请老挝商人参加昆交会、广交会等各种展会，帮助老挝商人向中国推介老挝的特色商品，以此提高老挝企业的知名度，扩大对华出口额；四、通过中国—东盟自贸区加速两国贸易投资发展。中国—东盟自贸区于2010年1月1日如期建成，这个拥有19亿人口、国内生产总值接近6万亿美元、贸易总额达4.5万亿美元、由发展中国家组成的自由贸易区促进了中国与包括老挝在内的各东盟国家之间的贸易投资加速增长。上述措施在一定程度上改善了中老两国贸易不平衡问题。

（二）相互投资

中老两国相互投资方兴未艾，投资金额不断攀升，投资领域逐年拓宽。中国公司于1990年开始赴老投资办厂，投资领域涉及水电、矿产开发、服务贸易、建材、种植养殖、药品生产等。据2010年7月老挝《万象时报》的报道，中国已首次取代泰国成为对老最大投资国。中方统计，截至2010年底，中国企业累计在老挝直接投资额为8.1亿美元。其中，2010年新增直接投资2.8亿美元。老挝累计对华实际投资额3,761万美元。其中，2010年新增直接投资945万美元。中国在老投资领域包括矿产、能源、农业、手工业等，其中矿产投资项目80个，约占总量的27.5%；水电站项目共18个，总装机容量达540万千瓦，占总数的21.5%。老挝政府目前已经批准的内湄公河5座水电站中的3座已交由中方企业开发。据老挝媒体报道，中国五矿集团旗下MMG公司投资的色奔铜金矿项目在2003—2009年间为老挝GDP贡献约8%，提高人均收入约1%，累计向老挝政府上缴税费4.3亿美元，其中2009年上缴10%红利，金额1,640万美元。

（三）承包工程与劳务合作

中老两国企业在承包工程领域的合作取得了较好的成绩。据中方统计，截至2009年底，中国企业与老方完成承包工程营业额20.7亿美元，其中2009年完成营业额4.2亿美元。截至2010年，中国企业在老挝累计签订承包工程和劳务合作合同额45.3亿美元，完成营业额26.4亿美元。其中，2010年签订合同额8.4亿美元，完成营业额5.7亿美元。双方合作的主要项目有：

1. 中国企业积极参与老挝水电资源开发，已有14家专业企业进入老挝参与水电站投资和工程承包，以及输变电的工程承包项目。据统计，截至2010年9月，中资企业与老挝政府签署开发MOU及投资开发的水电项目共19个，总装机约535万千瓦（约占可开发总量的22.8%）。主要的水电站项目如下：

——南梦3号水电站项目：中国水利电力对外公司实施。项目位于万象以北约60公里处NAM GNONG河上，总装机容量4万千瓦，合同金额6,300万美元，其中80%使用中国进出口银行提供的出口卖方信贷。项目于2002年1月开工，2005年1月竣工交付老方。

——南梦3号水电站输变电工程：中国水利电力对外公司实施，项目总金额为2,772万美元，资金来源20%为业主自有资金，80%为中国进出口银行卖方信贷（宽限期为3年，还贷期12年）。工程按照老挝万象地区未来25年的电力发展规划设计，包括三个新建变电站、三个变电站改造、一条20.6公里115KV

输电线路及一条18公里的22KV输电线路。合同工期为3年，维护期为1年。2003年6月签约，项目竣工于2006年7月，项目已于合同工期内按时完工交付老方。该项目是中国水利电力对外公司继老挝南累克及老挝南梦3号水电站项目之后在老挝执行的第三个项目。

——赛德2号水电站项目：该项目位于老挝南部赛德河上，在已建成的赛德1号水电站的上游，总装机容量为7.6万千瓦，总投资1.35亿美元。老挝业主为老挝国家电力公司。中国北方工业公司与中国水利水电建设集团公司联合体于2004年3月与其签约。中国进出口银行提供出口卖方信贷，借款人为中国北方工业公司。该项目已于2005年8月正式开工建设。

——南立河1-2号水电站项目：中国水利电力对外公司以BOT方式投资，投资金额1.5亿美元，于2010年8月份正式发电，总装机容量10万千瓦，输出线路电压115千伏，发电量为7,200度/月，平均超出设计30%。

——南俄5号水电站项目：中水电建设集团以BOT方式投资，装机10万千瓦，投资2亿美元。此外，中国企业积极参与老挝水电站建设工程和输变电线路项目工程承包，占有较大市场份额。

另外，为支持老挝进行经济建设，中国先后于2006年11月胡锦涛主席访老期间和2008年3月温家宝总理访老期间宣布向老方提供总额为3亿美元的优惠出口买方信贷。2010年3月回良玉副总理访老和2010年6月习近平副主席访老期间，中方又向老方提供总额为3亿美元的优惠出口买方信贷。此外，2009年中国对老挝另安排了6.54亿美元，用于实施南坎2号水电站、会兰庞雅水电站、琅勃拉邦输变电和老北农村电气化等4个项目。目前，双方有关部门正在积极协商落实优买贷款事宜。

2. 中国企业还积极参与老挝基础设施的建设，如：公路、铁路、电信、文化体育等。主要项目如下：

——昆曼公路老挝段项目：昆明至曼谷公路项目是大湄公河次区域经济合作的重点项目之一，其中老挝境内磨丁至会晒长228.3公里，不良的路况和通行能力制约了昆曼公路全线贯通，需要实施改造。根据亚行、中国、泰国和老挝的四方工作会议达成的共识，中方承担共86公里。2002年11月3日，中老两国政府签署项目建设议定书，中方出资2.49亿元人民币承担该项目。中方负责路段2004年7月开工，实际工期22个月。该项目于2006年5月中旬竣工，6月通过验收并正式对外移交，质量优良。2008年3月GMS第三次领导人会议期间，昆曼公路全线通车仪式在老挝正式举行。

——中老高速铁路项目：中老高速铁路是由中老边境口岸磨丁，经乌多姆赛、琅勃拉邦、万荣至万象的铁路，总长421公里，其中隧道190公里、桥梁90公里，设计运行时速客运200公里/小时、货运120公里/小时。该项目预计耗资70亿美元。中老双方于2010年4月签署了项目合作谅解备忘录，中方已完成项目的地质勘查工作，中老双方正就成立合资公司进行磋商。2010年12月23日召开的老挝第六届国会第十次会议正式批准了该高铁项目。该项目是老挝历史性重大项目，它将给老挝带来巨大利益，也是老挝实施将“内陆国”转为“过境中心国”战略，连接中国与东盟的重要组成部分，它不仅将改变老挝作为一个几乎没有铁路的内陆国的传统面貌，使老挝成为东南亚半岛地区第一个拥有高速铁路的国家，还将有助于亚洲各国加强地区联系。

——通信卫星项目：2009年9月25日，中国航天科技集团属下中国亚太移动通信卫星有限责任公司与老挝签署《老挝卫星广播通信系统建设及商业运营项目谅解备忘录》，此举是根据2008年8月中老两国签署的《中老两国关于空间领域合作政府框架协议》迈出的实质性一步，也将实现中国向东盟国家整星出口零的突破。根据协议，中方将用“长征”系列运载火箭为老挝发射“老挝一号”卫星，并在老挝建设卫星地面测控站和地面广播通信网络。中国亚太移动通信卫星有限责任公司将作为“老挝一号”卫星项目建设阶段的总承包商和商业运营阶段的合作伙伴，并与老挝政府成立合资公司共同开展卫星运营服务，同时，向老挝基础电信和媒体领域扩展。此外，中国亚太移动通信卫星有限责任公司今后还将与老挝政府进一步合作，在老挝及周边地区开展卫星应用业务。

——老挝国家体育场项目：由中国国家开发银行提供融资支持、云南建工集团承建。该项目是按中国国家开发银行与老挝政府签订的“场馆建设及其综合开发协议”的规定由中国国家开发银行以“资源换资金”的模式进行融资合作的，项目总建筑面积94,298平方米，静态投资7,996万美元，建设内容为“六馆一场”。其中包括：一个可容纳2万观众席的主体育场、两个3,000个观众席的体育馆及游泳馆、热身池、网球馆、射击馆和室外训练场等。该体育馆已用于2009年在老挝万象举办的第25届东南亚运动会。

——万象市城市道路监控项目：由中国进出口银行提供380万美元优买信贷资金，历时一年零七天建成，2009年12月5日举行了交接仪式，并在第25届东南亚运动会开幕前投入使用。该项目在万象市城区100多平方公里范围内10多条主干道上安装了100个探头，其中两个卡口设立了电子警察，共架设60多公里光纤电缆网络。中央控制室位于市公安交警指挥中心大楼底层200平方米的大厅内，正面墙上安装1个52英寸×4组合大屏幕高清晰显示器及18个29英寸中屏幕高清晰显示器同时进行全天候监控，另配有不间断供电及稳压设备和数据库等。使用的所有设备均在国内采购，其先进程度堪称亚洲一流水平。

（四）中老经贸合作机制

为促进两国经贸合作关系的发展，中老两国陆续建立并完善了双边经贸合作机制，主要有中老两国政府经济贸易和技术合作委员会和中国云南—老挝北部合作工作组。

中老两国政府经济贸易和技术合作委员会成立于1997年6月，是两国政府间重要的合作机制。中方牵头部门是商务部，老方是老中合作委员会。其主要任务是：探讨两国在经济、贸易和技术合作领域进行多种形式合作的可能性，确定两国在上述领域合作的项目，互派代表团交流经验和信息；检查、监督两国政府在经济、贸易和技术合作方面签订的有关协议的执行情况；共同检查两国间合作项目的执行情况。该委员会已分别于2000年11月在万象、2004年6月在北京、2007年1月在万象和2009年5月在北京先后举行了四次会议。双方通过这一机制，共同回顾双边经贸合作发展情况，重点落实领导人达成的经贸共识，研究解决双边经贸合作中存在的重要问题，积极探讨发展双边经贸合作的方式和措施。

中国云南—老挝北部合作工作组于2004年10月成立，该工作组是云南与老挝北部省份的合作机制，旨在加强云南省与老挝北部地区（丰沙里省、琅南塔省、乌多姆赛省、波乔省、琅勃拉邦省、华潘省、沙耶武里省、川圹省）的经贸合作，云南省副省长和老中合作委员会副主席分别担任双方组长。云南—老北合作工作组的主要任务是：促进双方贸易投资，加强经贸合作；讨论并推动各领域的合作；督促合作项目的执行，协调合作过程中的重大问题，并就需要磋商的问题寻求解决方法；加强信息交流，增进沟通了解，定期向双方政府报告合作信息。

云南—老北合作工作组分别于2004年10月在老挝琅勃拉邦、2005年11月在昆明和2007年12月在老挝乌多姆塞省举行了三次会议。在第二次会议上，双方决定增设能源与矿产、交通与通信、贸易与投资、科教文卫、农林业、旅游、边境和口岸管理7个专业工作小组，各工作小组信息交流协调会每年举行一次，云南—老北合作工作组会议改为每两年召开一次。第四次会议于2009年6月在云南省西双版纳州景洪市举行。会议指出，在今后的合作中，滇老双方将进一步完善合作机制，重点推进昆曼大通道的畅通能力建设、贸易投资便利化、中国磨憨—老挝磨丁跨境经济合作区建设等领域的合作。

（五）发展中老经贸合作的有利条件

——中老两国政治友好。历史上中老两国一直友好相处，从未有过兵戎相见的时期，现阶段两国具有相同的社会制度和意识形态，在“长期稳定、睦邻友好、彼此信赖、全面合作”方针的指引下，两国睦邻友好合作关系全面深入发展。2009年中老关系提升为全面战略合作伙伴关系，政治互信增强，中老经贸合作不断深化。中老两国长期的政治友好关系为双边经贸合作打下了坚实的基础，提供了有力的政治保障。

——中老两国的地域环境。两国地域相近，中国云南与老挝北部交界，西双版纳地区更与老挝有着直接的民族渊源。老挝已成为中国与大湄公河次区域地区连接的桥头堡，是中国走向东南亚的便捷通道。目前中国和东南亚各区域组织积极发展交通基础设施建设，同时老挝政府提出将老挝建成“湄公河区域过境服务中心”的战略，必将进一步发挥中老两国的地域优势，为两国之间的经贸往来提供更大的便利。

——两国资源互补性强。一方面，老挝具有丰富的农业、矿产和水利资源，同时热带资源丰富，生态环境优越，发展有机或绿色食品的潜力很大，与中国形成明显的产品互补；同时劳动成本较低，可能将在一定程度上解决中国日益严重的“用工荒”问题。另一方面，中国产业门类齐全，工业品和生活用品等越来越受到老挝市场的欢迎，农业技术水平和管理水平较高，与老挝的土地和生态资源优势结合的空间很大。

（六）中老经贸合作的前景

随着2010年中国—东盟自由贸易区的建立，中国与东盟各国之间的经济联系更为密切。目前，东盟国家已成为中国吸引外资的重要来源地，也是中国企业“走出去”的首选地之一。而对中国而言，在东盟国家当中，已与中国正式建立了战略伙伴关系的老挝作为和中国山水相连的友好邻邦，又与中国采取相似的政治制度和经济政策，无疑会给中国企业投资老挝带来一定的便利。近年来，中老之间的合作项目逐步增加，这些项目既满足了中国企业的利益需要，也有利于老挝经济的持续发展，达到了“双赢”的效果。

预计到2015年，连接中国和老挝的高速铁路将建设完成。届时，中国和老挝的高速铁路将实现无缝对接。这无疑将极大方便中老之间的物资运输和经贸合作，极大促进中国与老挝乃至中国与整个东盟的人员交往、贸易、投资、旅游的发展。

可以预见，在大湄公河次区域和中国—东盟自由贸易区的框架下，未来中老的经贸联系将会日益紧密。中国企业应当抓住时机，积极展开投资活动，促进中老经贸合作朝“多领域、深层次”的方向迈进。

第三章
社会文化

本章导读

☆老挝是由49个民族组成的多民族国家。在老挝历史上，曾先后出现过鬼神信仰以及婆罗门教、佛教、道教、伊斯兰教等多种宗教，多民族和多宗教信仰造就了老挝民族文化的多样性和包容性。在老挝居于主体宗教地位的佛教对老挝社会的影响最大，在佛教思想熏陶下的老挝人民温和友善，崇尚礼仪，对本民族的传统文化始终保持着一份虔诚与执着。缤纷多彩的传统节日、婀娜多姿的民间舞蹈、风味独特的传统美食为这个近年来才逐渐走入世人视线的神秘国度增添了更多的魅力。

第一节　颇具包容性的民族文化

一、语言文化

老挝语也称寮语，是老挝主体民族——老龙族的语言，为老挝的官方语。老挝语分为上寮、中寮、下寮三个方言区，以中寮的万象话为老挝语的标准语。

老挝语属于汉藏语系壮侗语族壮傣语支，主要分布在老挝以及泰国北部、东北部老龙族居住的地区，还少量分布在老挝与泰国、柬埔寨、越南、缅甸接壤的边境地区，使用人口2,000多万，其中在老挝约400万。此外，泰国的泰族、缅甸的掸族、中国的傣族和壮族等在一部分生活用语方面与老挝语相近似。

老挝语是一种孤立型语言，有元音28个（其中18个单元音，6个复合元音，4个特殊元音）。单元音和复合元音有长、短音之分。辅音32个，分高、中、低三组，高辅音和低辅音各12个，中辅音8个。另外，还有不常用的17个复合辅音。辅音韵尾有8个，声调有6个。重叠词和量词相当丰富。

老挝语的词没有形态的变化，词序和虚词是表达语法意义的主要手段。老挝语句子的语序是主语—谓语—宾语。名词的修饰语在中心词之后，副词修饰动词或形容词时，一般情况下，其位置在后。数词、量词和名词组合时，顺序为名词—数词—量词，而数词“一”置于量词之后。

老挝语的语气词很多，一般位于句末或句首。老挝语的基本词汇以单音节的原词占大多数，四字格结构的连绵词十分丰富，用途很广。

在小乘佛教传入老挝以后，老挝语从巴利语、梵语以及高棉语、泰语借进了不少词汇，这类词大多是多音节词。此外，也从汉语、法语、英语、越南语等借进少量词汇。

老挝文字属于表音文字中的音位文字类型，有两种不同的形体，一种是较古老的称为“多坦”，意为经书文字，多见于贝叶经中，并在佛教寺庙中使用；另一种称为“多老”，意为老挝文字，它的形状和拼写都类似现代的泰国文字。老挝文自左至右书写，元音字母可以在辅音字母的前、后、上、下出现，有4个声调符号，标在辅音字母的上方。

老挝文字起源于公元1世纪中叶的婆罗米字母和梵文的天城体字母，后又受到孟—高棉文字的影响。1935年前，在马哈西拉·维拉冯等老挝一些有识之士的积极倡议下，着手改革老挝文字。在改革过程中，出现了三个不同的派别，第一派是懂得法语的人，主张废除老挝文字，采用像越南国语一样的办法，用法语字母拼写老挝文；第二派认为，在老挝文中引用巴利文时，仿照拉丁化的巴利文字母下面加点的办法来表示；第三派则主张，老挝的文字不应该废除，用拉丁化的巴利文字母下面加点的办法也不方便，认为一个国家应该有自己的文字，有利于全国民众包括出家人和非出家人学习文化。第三派意见持之有故，言之成理，占了上风。于是，在1948年成立了一个“老挝文字委员会”，对老挝文字的改革作了具体的规定，就是尽量采用古代石碑上出现过的字母，需要补充的字母，则用改革后的经书文字字母代替，同时规定了按照词汇的读音来拼写的原则。

20世纪50至70年代初期，老挝并存着两个不同社会制度的地区，即老挝王国政府万象政权控制区和老挝爱国战线领导的解放区，两个地区的人民在文字的书写上和词汇的用法上存在着一些差异。前者基本上保留了1948年“老挝文字委员会”制定的规则，后者在原有文字的基础上删繁就简，重新规范，朝着老挝文字的民族化、大众化、进步化和科学化的方向发展，有利于民众文化的普及和扫盲运动的开展。

1967年，老挝爱国战线中央总书记富米·冯维希编写出版了老挝新时期的第一本《老挝语语法》，对老挝的语言、文字作了详尽的阐述和总结，为统一正确使用老挝语作出了重大贡献。

1975年12月2日老挝人民民主共和国成立，第一届老挝全国人民代表大会作出决议，将老龙族语言和改革后的老龙族文字规定为老挝的普通话和官方文字。

二、佛教文化

在老挝历史上，曾出现过信奉鬼神、婆罗门教和佛教多种宗教并存的现象，而后道教、伊斯兰教、基督教等多种宗教也相继传入老挝。但是绝大多数的老挝人信奉的是佛教。老挝佛教属于南传佛教，也称上座部佛教、小乘佛教。老挝历代王国政府都把佛教定为国教，规定国王是佛教徒和僧侣的最高保护者。到了现代，老挝不再把佛教定为国教，宪法规定宗教信仰自由，但佛教对老挝历史的发展起着重要的作用，对老挝的社会、政治、文化、生活有着深刻的影响。

公元7世纪，婆罗门教已在老挝盛行，与此同时，佛教开始传入老挝。公元1353年，国王法昂建立了老挝历史上第一个统一的封建集权制国家——澜沧王国，法昂国王为了建立一个强大的中央政权，以佛教作为统一国家的思想支柱，将佛教定为国教。这是老挝佛教发展过程中的一个转折点。在法昂王以后的各个时代，佛教都得到迅速发展，许多寺庙在各地兴建，僧侣被授予相应的职务和爵位，并受到重用。

目前在老挝盛行的佛教同泰国、柬埔寨、缅甸、斯里兰卡信奉的佛教一样，属于小乘佛教，也称上座部佛教。分为玛哈尼迦派（即大部派）和塔玛育特派（即法相应部派）。

小乘佛教教义比较接近原始佛教，老挝的佛教徒崇拜释迦牟尼，但不把他当神来供奉，而是把这位佛祖看成是实际存在的教主和传教大师，因此对佛牙、佛足印、佛塔和菩提树虔诚崇拜。在修行上特别注重禅定，追求自我解脱，把“灰身灭智”、证得阿罗汉作为最高目标，着重于三十七道品的道德修养，注重教义的字面解释。其核心是“三相”，以“十二因缘”为三世轮回的基本理论，以“四谛”说明无常的苦，以“五蕴”说明无常的我。保持早期佛教某些清规戒律生活，如身穿袈裟、托钵化缘、过午不食、按时诵读、雨季“夏安”，只使用巴利文佛经，将释迦牟尼的诞生、成道、涅槃合在一起纪念。老挝僧侣绝对禁止饮酒和与妇女接触，即使是自己的母亲、姐妹，也禁止从她们手中直接接受物品，商店的女售货员在接待和尚顾客时，也不能直接往和尚手上递东西，而应放在某个物件上，让和尚自己去取。此外，还禁止看戏、听歌、穿鞋、戴帽，但比丘可以穿拖鞋，更禁止动武杀生，但可以吃荤。比丘外出要有一名沙弥随从，不得单独行动。比丘和沙弥没有私人财产，不从事生产劳动，完全靠社会供养。

每天清晨，当寺庙响起低回的鼓声，僧侣们早已起床开始晨祷诵经，然后将钵挎在左肩或挂在脖上，三五成群走出寺庙化缘，逐户领取斋饭。在家的善男信女们一早就为化缘的僧侣们准备好糯米饭和其他食物，等到僧侣来到时，施主们先双手合十，然后把食物放入僧侣的钵内。接受施舍的僧侣则神情严肃，默不做声，丝毫不表谢意。因为他们认为这是给凡人一个行善积德的机会，并非受赐，而是施福。对于善男信女们来说，斋僧是他们积德、赎罪和表示虔诚的最好机会，会给他们带来一日的安宁，也就成了他们日常生活的精神寄托。僧侣化缘回来后，把所得的饭食供给全寺大小僧侣共同分享。然后整理佛殿经堂，打扫僧舍寺院，再诵经拜佛，研习佛教经典。11时左右用午饭，午饭后直到第二天早晨之间都不能吃固体食物，但可喝水。

老挝的男子到了一定的年龄后，都必须出家剃度当一次和尚，老挝人把当和尚视作人生应有的经历。在老挝当和尚要多长时间，没有明确的规定，通常有几个月、半年、一年或几年的，最短的为三五天，还俗后也可再度出家，也有终身为僧不还俗的。虔诚于佛教的老挝人常常规劝自己的子弟或亲友的孩子剃度受戒，入寺为僧，借此为自己及家人修得来世恩荫。在社会上常把一个人是否曾经出家为僧作为衡量其人品的重要标准，当过和尚的人在就业、婚姻上都比没有出过家的人容易得多，在社会上有较高的地位。

据20世纪90年代统计，老挝全国有大小寺庙共3,314座，其中有僧侣居住的有2,692座。老挝人非常重视佛寺建筑，常常选择向阳、通风、地势较高、环境优美的地方作为建寺地址。寺庙不仅是僧侣们举行佛事活动的场所、善男信女朝拜的圣地，而且又是进行文化教育的中心。过去老挝有为数不多的官办和民办学校，只是有钱人的子弟才能进去，而寺庙为穷苦的平民百姓子弟免费开办识字班，经书就是课本，僧侣就是教师。许多佛寺又是老挝的名胜古迹，汇集了建筑工艺的各种风格，荟萃了许多历史文物、稀世珍宝、经书典籍等，因此，寺庙又有博物馆、图书馆之称。此外，寺庙还是百姓举行社交、慈善活动、民间节日庆典仪式的重要场所。寺庙与老挝人民日常生活有着密切的关系，它是民众与佛教相联系的桥梁。

佛教深深扎根于老挝社会，始终居于主体宗教的地位，在社会生活的各个领域都有着广泛的影响。不管老挝是处于沦为外国的附属国或殖民地时期，还是处于战争的年代里，老挝人都未曾失去对佛教的信仰，许多爱国的佛教徒为抗法抗美救国斗争作出了重要贡献，有的直接投身到老挝的民族解放运动中，老挝革命运动的一些高级领导人都曾是出家人。许多佛教僧侣在废除旧制度、建立新政权、维护老挝的传统文化、扫除文盲等方面都发挥了积极的作用。1991年8月15日颁布的新宪法，决定将老挝原来国徽上的红五星和镰刀斧头的标志改成为老挝著名的塔銮图案，说明传统的佛教在老挝现代社会和人民的心目中占有相当重要的地位。

老挝盛行小乘佛教后，将曾经在老挝流行的婆罗门教以及鬼神信仰的不少成分加入佛教的仪式之中，使之巧妙地结合在一起，婆罗门教被佛教化，使人们难以辨别这两种宗教之间究竟有多大的区别，形成了具有老挝民族特色的佛教。在老挝各地，尤其是农村，既有神庙，又有佛寺，神庙祭鬼神，佛寺供佛像。一般家庭在屋子里设有供佛用的佛龛，院子里设有祀鬼神用的祭坛。在民间，老挝人在许多重要活动中举行拴线祝福的习俗，老龙族中有为死者做“功德”的风俗。这些习俗原来或是婆罗门教的仪式，或是祭祀鬼神的信仰，但都加上了佛教的色彩，而且都由僧侣们到现场主持诵经祝福或祈祷超度。

三、民族服饰

老挝人的衣着与中国云南西双版纳傣族的穿戴相似。男的上身一般穿深色无领对襟长袖衣，下身穿纱笼或裤子，极少穿短裤。女的上身穿圆领斜襟衣或翻领对襟长袖衣，下穿筒裙。筒裙大多是棉织品，也有丝织品，用土制织布机织成。传统的筒裙上下一样宽，长度约在小腿肚中部，筒裙的裙身和裙脚上都织有层次分明的几何图案，色彩斑斓，鲜艳夺目，看起来像一幅精美的工艺品，具有老挝民族的独特风格。尽管随着革新开放的潮流，有许多国际时尚服饰涌入老挝现代社会，但是筒裙在老挝的国服地位是不可动摇的。无论是在国家机关还是在大中小学校，筒裙都是指定的正式服装。甚至连老挝女警察的警服都是绿色的筒裙。老挝人民对传统文化的虔诚、专注与执着由此可见一斑。

老挝妇女在逢年过节和在喜庆的日子里，都喜欢把美丽的披肩斜披在肩上。这种披肩是老挝妇女服饰的重要组成部分，老挝人称之为“帔编”，意为斜披在肩的长布。老挝妇女还喜欢用银腰带或合金银腰带。老挝妇女喜欢留长发，并把长发全部向上挽起，在头顶盘成圆形的发髻，老挝人称为“高蓬”。不同地区、不同年龄的女子挽束的发髻有不同的部位。一般少女不盘发髻，但有的少女把发髻盘在头顶中央或头顶稍偏右或偏左的地方；上了年纪的妇女则把发髻盘在头顶稍靠后的地方，也有的盘在脑后。

四、民居

老挝农村的住房大多是竹木结构的高脚屋，这是一种用许多根木桩支起来、下部架空的两层式民居，上面住人，下层圈养牲畜和放置农具等杂物，中间有楼梯连接，类似中国西南地区少数民族的干阑式的住宅。这种住宅形式很适应老挝气候炎热、多雨潮湿等特点，可通风纳凉，可避免积水危害，还可防止野兽袭击，具有独特的民族风格。整座高脚屋呈长方形，由正屋、阳台、后廊三部分组成，屋顶陡峭，用茅草编成的草排覆盖。现在许多人家改用镀锌白铁皮盖屋顶。高脚屋的正屋比较宽敞，从中间隔成里外两间，里间为卧室，外间有陶土做成的火塘，用铁三角架或三块石头搭成的地灶，也有用砖头围成四边形的火塘。前面的阳台是人们平时休息或与客人交谈的地方，妇女们常在阳台上纺纱织布和做针线活。阳台上还放置存有饮水的陶罐或瓦缸。阳台的旁边设有楼梯，按照传统习惯，楼梯的级数为表示吉利的单数。无论主人或客人上楼梯后，要先脱鞋才能进正屋。与正屋后边相连接的后廊是人们平时洗刷衣物用具、洗澡冲凉的地方。现在城市住房以木、砖瓦结构的房子为多，花园式别墅越来越多。

五、婚俗

老挝传统的婚俗是男到女家入赘，而不常有女嫁到男家的现象。到了现代，在老挝不论城乡，更多看到的是自立门户。

老挝男女青年之间自由恋爱，在谈恋爱时，一般要选择年龄相当、品德操行好的对象。由于老龙族人信奉佛教，所以青年男子常在婚前都要出家为僧一段时间，成为“成熟”之人，才能找对象。在老挝，男女青年择偶有一定的标准，对于男子，要求身体健康无残疾，品行端正有知识，有住房有经济基础，不是夸夸其谈之辈。对于女子，要求相貌好，心地善良，遵守村规民俗，还要求懂得“三房四水”，因为以后将成为家庭主妇。

当青年男女双方相互看中以后，男方的父母请亲戚中的一位长者当媒人，把金戒指、金项链等彩礼、食品和一个银制的花瓶送到女方家正式求亲，如果女方父母同意，便收下彩礼，品尝食品，双方当即定下这门亲事，过几天后，女方家也把食品送到男方家作为回礼，就算定亲完毕，然后双方各自准备结婚用品，选个吉祥的日子正式举行婚礼。举行婚礼的日子，需要经过高僧或长者推算选定，在一般情况下，一年中任何时候都可以举行婚礼，不少地方多选择在老挝农历12月，因为这时正值收获季节，食物丰富，米新鱼肥。

在婚礼的当日清晨，新郎新娘要斋僧、听经、礼佛，参加拴线仪式。拴线仪式一般在女方家举行，由一位当颂师的长者诵念祝词，并为新人拴线，接着双方的家长、亲友、来宾依次为新郎新娘拴线祝福。仪式结束后，新郎先返回自己家中，过了一定时辰，再由本家族长率领众亲将他送到女方家。新郎新娘走进新房前，要由一对元配老夫妻先入房铺床，并象征性地在床上睡一下，然后再分别手牵新婚夫妇进入新房，意在祝愿这对新人恩恩爱爱，白头偕老。新郎新娘走出新房外坐定，由男方家族长对女方家族长郑重表示，今后将自己的儿子托付给了女方家，请把他当作自己的儿子一样看待，如有不是，一定要给他教诲等等。最后新郎新娘向参加婚礼的亲友一一敬酒致意。较富裕的人家还请来民族乐队演奏助兴，跳起传统的南旺舞或现代舞，人们尽兴欢乐，一直持续到深夜。

六、待客礼仪

自古以来，老挝人热情好客，真诚友善，讲究礼节。对认识的人，见面时，都要说一声“沙巴依第”，意为“你好”。临别时，说一声“拉告恩”，意为“先告辞”，或“泊干迈”，意为“再见”。对知道姓名的人，一般只称名，不称姓。有时在名字前加一个尊称，对男的称“陶”或“探”，意为“先生”，但“探”比“陶”更为尊敬。对女的称“囊”，意为“女士”。称呼不知道姓名的人，视对方年龄而定，对长辈，称“隆”（老大爷）、“芭”（老大娘）；对同辈年龄比自己大的称“艾”（哥哥）、“欧阿依”（姐姐）；对同辈年龄比自己小的，称“依赛”（弟弟）、“依少”（妹妹）；对小朋友称“兰”（侄子、侄女）。在国家机关、工作单位和军队中，一般都称“沙海”（同志）。但在熟悉的亲密的人之间，也以兄弟姐妹相称，而不称同志。

老挝人相见时，通常行合十礼，一般不习惯握手，但现在也有行过合十礼以后又握手的，合十礼表示对对方尊敬而有礼貌。行合十礼在不同的场合有不同的姿势。

在老挝，每当贵客来访、亲朋远行之际，或者在婚嫁喜庆、新屋落成、婴儿降生的时候，人们都要举行传统的拴线祝福仪式。拴线在老挝语中叫做“束魂”或“巴喜”，就是“把灵魂拴住”的意思。人们向来认为，人及与人的生活密切相关的事物如住房、树木、山林、水稻等农作物、农具、动物等都有灵魂。而人的灵魂很容易离开躯体而自由游荡，如果灵魂离开身体，人就会得病遭灾，受苦受难；如果魂附于体，人就会健康幸福，万事如意。所以，人们在拴线仪式上要把一根根白色的棉线拴在手腕上，以期把灵魂拴住，长驻于体，永葆人们安居乐业、吉祥顺利。

第二节　缤纷多彩的传统节日和美食

一、节日

（一）拾柴节

每年老挝农历2月初至2月16日是老挝民间的拾柴节。节日里，人们带着砍刀、绳子、扁担等工具成群结队地到山中去砍柴，以准备在3月里过糍粑节烤糍粑用。相传，在这几天中，大自在天、湿婆和毗湿奴下凡到人间看望世人，于是人们要举行盛大隆重的欢迎仪式，演奏各种民间乐器，跳起民间舞蹈，尽情欢乐。这个祭祀天神的仪式，在老挝法昂王时代（公元1353—1371年）最为盛行，成为全国性的一个庆祝活动。到了波提萨拉腊时代（公元1520—1550年），逐渐被取消，因为波提萨拉腊国王是个虔诚的佛教徒，鉴于民众仍信奉天神，他就下令禁止并废除供奉天神的庙宇和祭坛，并把它们都改建成佛寺。尽管如此，人们敬奉天神的风俗仍沿续至今。现在，人们在砍柴休息时，载歌载舞，乐而忘返。有些青年男女趁机谈情说爱，定下亲事。

（二）糍粑节

每年老挝农历3月15—23日是老挝一年一度的糍粑节。节日里，家家户户都要做许多糍粑，除了自家食用外，主要用来斋僧。人们把糯米饭团做成扁扁的圆饼，里面放上蔗糖或用糖棕树花汁熬成的棕糖，外面涂上一层鸡蛋，然后放在炭火或柴火堆上烤熟。人们把糍粑送到寺庙举行集体斋僧仪式，有的地方人们直接在庙里做糍粑，再举行斋僧仪式。

关于糍粑节的来历，有个动人的故事。传说过去有一个财主家的女佣，名叫娘奔纳塔西，在天气较凉爽的3月天晚上，为主人舂米，休息时，她把沾在臼壁上的米糠捏成一团，拿到火堆上烤熟，准备在第二天担水时吃。天亮后，她把烤熟的米糠团揣在筒裙腰中，然后担着水桶去担水。这时，正好遇见释迦牟尼前来化缘，姑娘便十分虔诚地把烤米糠团放入他的钵内。在回家的路上，姑娘不幸被一头母牛顶死，后来那姑娘转生为天上的仙女。从那以后，糍粑节也就在民间流传下来。

（三）帕维德节

帕维德也称帕维桑敦，是佛祖释迦牟尼前生第10世的名字，在老挝人民心目中，他是行善积德的典范。每年老挝农历4月，各地的佛教徒到寺庙举行隆重的敬拜佛祖的仪式。人们带着各种各样的供品去庙里礼佛、斋僧，然后听僧侣诵经。关于帕维德的佛本生故事是由1,000首巴利文诗篇所组成的，是一部流传很广、影响很大的佛教文学作品，为老挝人们喜闻乐见。由于有1,000首诗，所以人们用于拜佛的供品也都是各样1,000份，如糯米饭团1,000个，香1,000炷，蜡烛1,000对，鲜花1,000朵等。据说，当人们听过关于帕维德身世的经文（《吠陀经》）后，就能到达活8,000岁的极乐世界。

相传，帕维德出生后就立志献出自己的一切，甚至自己的生命。他成年后和玛娣结婚，先后生下儿子陶沙里和女儿甘哈。后来，他继承了父亲的王位，并拥有一头十分珍贵的白象。后来有8个婆罗门教徒从很远的芒加林卡城来到这里，请求帕维德把他的白象送给他们，帕维德毫不犹豫地送给了他们。臣民们得知此事，对帕维德过分施舍感到不满，便把他赶出京城。帕维德就带着妻子儿女来到林中当了隐士。过了7个月，有个年老的婆罗门教徒请求帕维德把儿子和女儿送给他，帕维德也立即痛快地答应了。最后，帕维德的父亲和臣民们还是请他回来继续执掌王位。

（四）宋干节

宋干节就是老挝的新年，是老挝人民一年一度最盛大最隆重的传统节日。“宋干”在老挝语中是“辞旧迎新”的意思。宋干节在每年老挝农历5月（公历4月中旬），所以又称“五月节”。节日期间，除了斋僧布施、浴佛、堆沙塔、放生等带有佛教色彩的活动以外，民间的主要活动是泼水，因此，又被人们称为“泼水节”。节日之际，正是自然界季节交替的时候，这时旱季将要结束，雨季即将来临。经过几个月旱季而干枯了的大地开始得到雨水的滋润，绿色的树木脱落了旧叶，换上了新叶，大地万物呈现出一派万象更新、花草繁茂的景象。另一方面，宋干节后，开始昼长夜短，人们认为这象征着新的一年生活将在光明中蒸蒸日上，给新年添上一层吉祥的色彩。所以，早在古代，老挝人民就把新年安排在5月份举行。宋干节的庆典一般为三天，第一天为除夕，第二天为歇日，第三天为元旦。每隔四年，歇日加一天，节日也就变为四天了。届时全国放假，举国同庆，万众欢腾。有的地区的庆祝活动要持续一周以上。节日活动从除夕开始。清晨，男女老少都身着节日盛装，提着盛满布施食品的竹篮，捧着放满鲜花香烛的银盘，从四面八方涌向打扫一新、张灯结彩的寺庙，进行斋僧活动。中午在各寺庙浴佛时，僧侣们用菩提树枝蘸着香水洒在人们头上，然后把佛像从佛堂里搬到庭院中，搭上浴棚，善男信女们用浸泡着芬芳花瓣的香水倒入龙形的水槽中，淋在佛像身上，为佛像洗尘。人们默默祈祷，预祝在新的一年中人畜兴旺，安居乐业。在节日里，老挝人们还有“堆沙塔”的风俗，人们在河滩上或寺院中堆起一座座小山似的沙塔，上面插着画有黄道十二宫的彩旗和香烛。大家围着沙塔载歌载舞尽情欢乐，然后围塔而坐聆听僧侣诵经，祝愿在新的一年中稻谷能像金色的沙子一样集聚成堆。也有的人认为，每粒沙子意味着把人们从一桩桩罪过中解脱出来。节日期间，还要进行放生活动，人们买来一些鱼、鸟、龟之类的小动物，然后把它们放掉，或者集体送往寺庙去放生，以表示行善积德。

有关宋干节的起源，在老挝还流传着这样一个传说：古时候，有一个财主的儿子，名叫坦玛巴拉，自幼聪明伶俐，懂得鸟语，通晓佛法，自称法师，名扬四方。后来有一位名叫伽宾婆罗的天神下凡，向坦玛巴拉提出3个问题与他打赌，如能解答，天神甘愿割下自己的头颅，否则，坦玛巴拉的头将被割下。这3个问题是早晨、中午、晚上人体的祥光各在哪里？坦玛巴拉一时回答不出，请求给他7天时间思考。可是6天过去了，他还没有想出答案，就悄然离家出走躲避起来。

到了夜晚，坦玛巴拉就躺在一棵糖棕树下睡觉。树上栖息着一对大鹏鸟，深夜，雌鸟问雄鸟："明天我们到哪儿去找吃的？"雄鸟答道："不用担心，明天我们可食用坦玛巴拉的尸首，因为他回答不出天神提出的问题，天神要割下他的头。"雌鸟又问是什么问题，雄鸟便告诉它了并说出了答案："早晨，人体的祥光在脸上，所以人们起床后要洗脸；中午，祥光在胸部，所以人们洗澡时，先用水拍拍胸脯；晚上，祥光在脚上，所以人们睡觉前要洗脚。"雌鸟听了，连连点头。

躺在树下的坦玛巴拉没有睡着，听得真切，心中大喜，立即返回家中。翌日清晨，他高兴地向天神一一解答了难题。天神只好认输，就把他的7个女儿唤到跟前，郑重其事地嘱咐说："我将履行前诺，把我的头割下。但我的头落地后，大地就会变成焦土；抛到空中，就会久旱不雨；丢入海洋，海水就会干涸。所以，请你们用盘子托着我的头，然后放入吉罗沙山洞的神龛中。"说完，他当即将自己的头割下。

7个女儿遵照父亲的话去做。以后，每年到了这一天，天神的7个女儿轮流把父亲的头从山洞中取出来，用水洗净，然后围绕吉罗沙山转一圈，再放回原处。这一天就是宋干节的第一天。

（五）高升节

每年老挝农历6月（公历5月）15日，老挝各地都要举行这个节日。高升节亦称"棒菲节"、"火龙节"、"竹爆节"或"六月节"，主要流行于老挝万象、川圹等地区。尤其在首都万象，高升节的场面更为热闹。据说这个节日原是为了向天神表示敬意，祈求风调雨顺、水稻丰收、人畜兴旺而举行的庆祝活动。后来随着佛教的传播，高升节就含有纪念佛祖恩德的意思，因为佛历6月15日，相传是佛祖释迦牟尼诞生、成道、涅槃的日子。节日期间，僧侣们把寺庙装饰一新，向佛像焚香点烛，合十膜拜，诵念经文，颂扬佛祖的恩德。晚上，善男信女们纷纷前往寺庙集中，聆听僧侣诵经，然后，方丈带领众僧及佛教信徒走出佛堂，手持香烛绕佛堂3周。次日清晨，人们怀着虔诚的心情向僧侣布施。期间，还举行为出家人剃度仪式及为僧侣洗礼晋级仪式。在民间，人们忙于制作高升，然后进行燃放高升的比赛。

（六）守夏节

每年老挝农历8月15日至11月15日为老挝佛教僧侣的守夏节，也称“入夏节”或“入雨节”，意为“雨安居”或“夏安居”。老挝语称“靠瓦萨”节，“瓦萨”意为雨季，是僧侣计算出家年数的单位，过此节越多的僧侣，僧龄就越高。在此期间，僧侣不得外出，因为，这期间正是雨季，如果外出则容易踩坏田埂秧苗，伤害草木小虫，所以，僧侣只能在寺庙内或能遮风避雨的临时住所内，坐禅修行，接受信教村民的布施，不得夜宿别处。而遇到父母生病，需要照顾，寺庙毁坏需要修理，外村居民请求去做善事等特殊情况时，在征得方丈同意后，方可外出，但不得超过7天。除此以外，如夜宿别处，就认为是触犯戒律，不算出家的僧龄。节日里，僧侣只吃一顿饭，严格遵守戒律，他们认为，这是僧侣潜心钻研佛经，持戒悟道的最好时机。

（七）粽子节

每年老挝农历9月中，当人们插秧完毕后，都要进行庆祝活动，过粽子节。自古以来，老挝人民把种植水稻视为最重要最崇高的事情，并以稻田和稻米的多少来衡量一个人的财富。当人们把稻秧插满水田，把大地装饰一新，就认为完成了一项神圣的使命。为此，人们要以丰盛的饭菜热烈庆祝一番。后来随着佛教的传入，在这个节日里，人们加上了到寺庙斋僧礼佛的活动。节日期间，人们用蕉叶或荷叶包成许多粽子，除了向僧侣布施以外，同时，在天亮前，要把粽子撒在地上，挂在树上或丢入水中，让已故亲人的亡灵随时取用，好让他们摆脱地狱的苦难，升入天堂。

（八）出夏节

每年老挝农历11月15日，也称解夏节、出雨节、赛船节、送水节。僧侣们结束了3个月的“夏安居”后，便庆祝这个节日，他们可以云游四方，夜宿别处。寺庙附近的村民们为即将离开的僧侣举行欢送仪式，并把各种食物和布匹等施予僧侣。在民间，居住在湄公河沿岸的城镇居民都要举行规模盛大的赛船节。这时，雨季结束后不久，湄公河水位开始下降，人们为了祭祀给农业带来丰收的圣河——湄公河，感谢河神的恩德而举行这个节日。节日里，人们兴高采烈地涌向湄公河畔，观看精彩的划船比赛。在节日的夜晚，还有点灯笼、放灯船的习俗。

（九）塔銮节

每年老挝农历12月（公历11月）中，全国佛教徒纷纷前往万象朝拜塔銮，这是老挝一年中除新年宋干节以外最隆重最盛大的节日。塔銮是一座纪念佛祖释迦牟尼恩德的群塔式建筑物，坐落在首都万象北郊，迄今已有400多年的历史。它既是佛教徒顶礼膜拜的圣地，又是老挝最重要的名胜古迹，被誉为首都万象市的标志、老挝的国宝，吸引着许多国外游人慕名前来参观游览。按照当地风俗，每年全国的佛教徒都要前往膜拜一次，因为时间集中在这几天，便形成了一个节日。节日里，来自全国各地的佛教徒代表都云集到塔銮朝拜，人们手捧香烛、鲜花及各种食品，怀着十分虔诚的心情，向僧侣布施，向佛祖祈求福祉。塔銮节中另一个重要活动是举办规模巨大的“塔銮国际博览会”，除了老挝各省市、各部派出展销团参加外，还有许多国家也应邀派出展团参加，中国也曾多次应邀参展，受到老挝人民的热烈欢迎。展览期间，塔銮广场上各国的展览馆鳞次栉比，热闹非凡，到处张灯结彩，乐声悠扬，各种商品琳琅满目，摩肩接踵的人们喜气洋洋，选购自己喜爱的商品。连续数天的塔銮节成为老挝民间最盛大最热闹的庙会。

二、老挝特色饮食

老挝人以糯米为主食。老挝被誉为“糯米之乡”。糯米饭有多种吃法，可以做成花样繁多的美味糕点。逢年过节，老挝人都要制作一种叫“靠浩”的食品，它类似中国的粽子，一般用香蕉叶包裹糯米，里面再放上椰汁或剖为两半的香蕉，也有的放肉丁等，然后蒸熟，除了自家食用外，还布施斋僧、敬献佛像。老挝烤糯米饭团也很有特色，就是把糯米饭团均匀地抹上鸡蛋和盐，然后在炭火上反复烧烤，等到颜色微微焦黄时即可食用，这种食品吃起来外脆里软，清香可口，类似中国的炸麻团或糍粑。在节日里，人们还常常用它来斋僧敬神。

老挝人的副食比较简单，爱吃酸、辣、腥、生及烧烤的食品，很少用植物油炒菜，口味较清淡。在平时，老挝人最爱吃鱼。鱼的做法有多种多样，常见的有烤鱼，把鲫鱼或鲤鱼等淡水鱼挖去内脏，在鱼肚中塞进盐、姜、蒜、葱、辣椒、香茅草等作料，然后放到火上烤熟，有的把鱼剖开展平，再用竹片和铁丝夹住，放在火上慢慢将鱼的里外两面烤熟，然后沾上盐末等作料，这种烤鱼吃起来，外焦里嫩，鱼香扑鼻。

老挝人最爱吃一种叫“巴烈”的腌糟鱼。腌糟鱼的做法很讲究，人们把刚捕来的许多一手指长的小鱼，去头去鳞，挤出内脏，洗净滤干水分，然后装入坛子，码一层鱼，洒一层盐，再拌上一些米糠，轻轻按压，把坛子装满，并用泥将坛口密封，放在高脚屋下的阴凉干燥处，一个月以后便可启封食用。这样做成的“巴烈”腌糟鱼，鱼香浓郁，味道独特。

老挝人还爱吃一种用肉末制成的凉拌佳肴“拉帕”，这种食品类似中国云南西双版纳傣族人吃的“剁生”。“拉帕”一般是将黄牛肉、鸡肉或猪肉、鱼肉等剁碎后，再拌上柠檬汁、香茅草、薄荷、辣椒、花椒、葱、姜、蒜和鱼露等作料做成，味道浓郁鲜美。每当逢年过节或招待客人时，老挝人常常做“拉帕”食用，因为“拉帕”一词，在老挝语中一语双关，有“走好运”的含义，意味着吃了“拉帕”，就有好运。

老挝各地盛产木瓜，成熟的木瓜是一种美味的水果，而颜色青青的生木瓜可做成家常菜肴。人们把摘采来的青色生木瓜，洗净后削去外皮，剁成一条条粗细均匀的木瓜丝，放入精致的木臼中，再加上至少近10种调味品，一起捣拌均匀后即可食用，酸、辣、甜、咸、香适中。在炎热的老挝，吃上这种菜肴，顿时感到清凉爽口，回味无穷。

老挝人爱喝酒，尤其是在农村，人们喜欢喝一种自制的名叫“醪海”的坛子酒。饮坛子酒，不仅是老挝民族的一种传统的风俗习惯，而且用于敬神、迎亲送客、家庭仪式或传统节日。

第三节　佛教思想熏陶下的民族文学和艺术

一、文学

（一）古代文学

老挝文学历史悠久，形式和内容丰富多彩。老挝古代文学可分为佛教文学和世俗文学两大类。14世纪中叶，由于佛教的广泛传播，出现了许多对佛学有较深研究的僧侣，产生了最早的佛教文学，其中一部分刻写在贝叶经上，成为讲经文学。主要有《佛本生经》《玛诃索德》《因陀罗史》《休沙瓦》等古典名著。老挝佛教文学大多数叙述佛祖讲经布道的内容，在形式上常常用巴利语开头，中间也出现许多巴利语、梵语词汇，富有宗教幻想色彩。但总的来说，它还是表达了当时老挝人民的心理、情感、憧憬和愿望，具有老挝的民族特色。老挝的世俗文学也受到佛教的影响。印度史诗《罗摩衍那》传入老挝后，被改写成老挝古典名著《帕拉帕拉姆》，它的故事结构框架、某些段落、人物、地点、名称都取材于印度史诗《罗摩衍那》，但是糅合进了老挝本民族的内容，被重新创作，改写成佛教经文的形式，以吸引广大的读者。还有寓言集《娘丹黛》《祖父教孙子》《孙子教祖父》《因特年教子》《信赛》（又名《桑信赛》）《占芭西顿》《苏里冯》《卡拉吉》《占塔卡》《盖乔》《林通》《陶宏》《娘登温》等。老挝的口头文学也很丰富，有的经过民间艺人的不断加工锤炼，已整理成思想性和艺术性较高的书面世俗文学。从内容上看，口头文学具有鲜明的现实性和健康、乐观、幽默的情调，与书面文学相比，它更显得生动活泼、简洁明朗，宗教色彩较少。民间故事和传奇故事是老挝口头文学的重要组成部分，是劳动人民喜闻乐见的世俗文学。

（二）现代文学

老挝的进步文学产生于20 世纪40—50 年代，当时有一些诗歌、散文作品刊登在《爱老挝》等进步报纸上，作者大部分是老挝爱国战线的工作人员和寮国战斗部队的战士。到了20世纪60—70年代，老挝爱国的文学工作者更积极地参加了全民的抗美救国斗争。他们根据亲身的经历和体验，写下了许多诗歌、小说、报告文学和回忆录，反映了老挝各族人民敢于斗争、坚持斗争的革命精神，歌颂了在斗争中涌现出来的大量的英雄人物与事迹，鼓舞了老挝军民的斗志，增强了对民族解放事业必胜的信念。较有代表性的有占梯·伦沙万的《生活的道路》（1970）、坎连·奔舍那的《西奈》、维昂亨的中篇小说《离别西潘顿》、万赛·蓬占的《万象的街头》等。在以军事题材为主的作品中，较为有代表性的是苏万吞的多卷长篇小说《第二营》、塔努赛的《不朽的西通》、翁塞·西沙纳·西山的《革命传统故事》、俄桑·佩派本的长篇小说《生活的风暴》等。近年来，老挝文坛上涌现出一批青年作家和诗人，他们勇于探索，在诗歌和小说创作上敢于创新，发表了不少优秀之作。标志着老挝文学已出现了一个新局面。

二、音乐

（一）民歌曲调

老挝的民间音乐内容丰富，形式多样，有儿童歌谣、老年人的祝愿调、农村妇女的催眠曲、寺院歌谣、情歌及民间乐曲等，其中以男女青年爱唱的情歌数量最多。老挝最流行的是“咔”和“喃”两种曲调，老挝语中的“咔”和“喃”本身就包含了“歌”和“舞”的双关语，人们形容“咔”和“喃”是一种“歌中有舞，舞中有歌”的表演艺术，歌与舞就像红花与绿叶一样交相辉映，相得益彰，使观众始终在动听的歌声和美妙的舞姿中得到艺术的享受。在农闲或节假日聚会时，老挝人喜欢用这种载歌载舞的形式抒发内心的情感，表达对自由和幸福生活的向往。此外，还有流行于全国的短调、长调、慢调、快调和叙事调等，又有属于民族唱法的现代歌曲，这类歌曲的节奏大都欢快热烈高亢，有较强的感染力。

（二）民族乐器

芦笙是老挝的主要民族乐器，它灵巧精致，音域宽广，音色优美，是老挝文艺节目表演时不可缺少的乐器。老挝人对芦笙情有独钟，老挝有句俗语说：“凡是吃糯米饭、腌糟鱼，住高脚屋，吹芦笙的人，就是老挝人。”象脚鼓也是老挝常见的民间乐器，鼓长约一米，用优质硬木制成鼓身，然后用烘干的牛皮蒙紧鼓面，并用绳子或布带系在鼓的两头，可以斜挎在肩上，用双手拍击。鼓的声音浑厚粗犷，多在各种民间娱乐活动中表演。木琴也是老挝很有民族特色的乐器，是用红木或其他贵重的硬木制成20~30根长短不一的木条，再用两条牛皮筋穿过每根木条的两端，固定在木架上，木架的前面绘有鲜艳的装饰图案，演奏时，用小木槌敲打，木琴声清脆响亮，悦耳动听，既可独奏，也可以与其他乐器合奏。此外，还有二胡、板胡、扬琴、锣、钹、单面鼓等。

三、舞蹈

老挝的舞蹈分为古典舞和民间舞。

（一）古典舞

从宫廷舞演变而来，14世纪从柬埔寨传入，然后和老挝原有的宫廷舞相结合，逐步形成了具有老挝特色的古典舞。古典舞庄重典雅，婀娜多姿，舞蹈动作中有许多是佛像造型的再现，双手合十、盘腿而坐的姿态常在舞蹈中出现。舞蹈一般用民族乐器伴奏，还有歌唱演员伴唱，曲调悠扬，悦耳动听，和舞蹈动作相得益彰。

（二）民间舞

不同地区的民间舞具有各自的特色，富有浓厚的生活气息，有祝福舞、拜塔舞、赏月舞、占芭花舞、象脚鼓舞、盾牌舞、芦笙舞、南旺舞等。其中，南旺舞是流传最广、最受群众喜爱的一种集体舞。每逢各种喜庆活动或重大节日以及农闲季节，人们都喜欢集合到一起跳南旺舞。

四、戏剧

老挝的戏剧是老挝民族文学不可缺少的一部分，大约在14世纪从高棉传入，16、17世纪得到进一步发展。由于佛教是老挝的国教，极大多数人信奉佛教，所以老挝的戏剧同老挝文学的其他形式一样，在创作题材上，与佛教有密切的关系。老挝的戏剧有歌剧、舞剧、话剧、地方戏和短篇喜剧等。直至今日，老挝民间仍然流行着的歌剧内容大多来自婆罗门教和佛经的故事，也有老挝的神话、传说等。另外，侠义和爱情也是小歌剧的主题，演员主要以唱词来说明剧情的发展，文辞优美，曲调旋律悠扬。

（一）舞剧

舞剧是在宫廷舞的基础上发展起来的，舞剧中的动作有68个基本程式，每个程式都有特定的含义，表现人物喜怒哀乐复杂的内心活动和纤细的感情。尤其是女演员讲究手指及手腕的动作，显示出柔顺灵巧的美感。她们的服装自胸部以上袒露，表现出微妙的舞蹈语言，演员的眼神、手势传达着无限柔情，身段和脚步蕴含着丰富的神韵。演出时，演员多戴有假面具，使女演员的俊秀脸部化妆与反面人物的狰狞面目形成强烈的审美对比。舞剧的题材，大多是有关神仙鬼怪的民间故事，有些选自印度史诗《罗摩衍那》里的某些片断，故事总是以大团圆结尾，表达了人们对邪恶势力的憎恨和对自由幸福生活的热切向往，深受人们的喜爱。

（二）话剧

话剧往往取材于民间故事，例如话剧《财主与长工》刻画了一个足智多谋的长工和贪婪愚蠢的财主的形象，富有讽刺幽默，歌颂了劳动人民的聪明才智，揭露鞭笞了封建统治者的残暴和丑恶，反映了老挝人民大众的审美观念和艺术情趣，具有鲜明的民族风格和浓郁的生活气息。

五、古代建筑艺术

老挝有些建筑在东南亚地区是独一无二的，带有浓厚的本国特色。但是由于老挝在历史上长期被邻国占领，所以它的建筑艺术也受到缅甸、泰国、柬埔寨的影响，留下了它们的一些艺术痕迹，反映了老挝动乱的历史。老挝建筑艺术的特点充满了宗教色彩。建筑物形状是传统的印度风格，成穹形，底部圆，顶尖如箭。建筑物的用途是供佛。老挝各地区的建筑艺术风格不尽相同，可分为琅勃拉邦、万象和川圹三种风格。琅勃拉邦建筑的屋顶有一到三层壁凹，低垂到几乎接地，香通寺就是一个典型代表。万象建筑受泰国中部寺院建筑影响较大，屋顶高、尖、厚。万象的建筑是全国最高的，大部分为长方形。玉佛寺是它的典型代表。建筑物的底基高出地面，正门入口的台阶有龙把守。川圹的寺院建筑综合了上述两种建筑风格，屋顶宽、成鞍形，低垂到几乎接地，圣殿建在数层三角楣上。

（一）塔銮

塔銮位于首都万象东北郊3公里处，是老挝人民引以为豪的国家标志性建筑。塔銮不仅是老挝著名的佛教圣地，而且也是老挝民族文化的瑰宝。千百年来，塔銮以它别具一格的造型、悠久古老的历史以及神圣的宗教含义，为老挝人民顶礼膜拜，赞美歌颂。塔銮是一座砖石结构的群塔建筑，占地8,418平方米。整个建筑造型类似举世闻名的印度尼西亚婆罗浮屠，看上去，气势壮观，浑然一体。塔的上部恰似含苞欲放的荷花，顶部呈华盖尖形。整个主塔带有恭迎佛祖临世的含义。在30座小塔的簇拥下，主塔拔地而起，犹如鹤立鸡群，颇有烘云托月之势，组成了一幅十分和谐而又壮观的画面。主塔的全身涂成金黄色，在阳光的照射下闪烁生辉。塔銮有着悠久的历史，它的雏形早在1,600多年前就存在了。长期以来，塔銮作为老挝的佛教圣地，被老挝佛教徒和全国民众顶礼膜拜，塔銮又作为老挝国家的标志性建筑物和民族文化的瑰宝，成为国外旅游者前来参观游览的首选之地。

（二）玉佛寺

玉佛寺因曾供奉一尊玉佛而得名。它位于万象市国家主席府的东南方，是皇家佛寺。1565年开始修建，以供奉1560年国王赛耶塞塔提腊从琅勃拉邦迁都万象时而带来的碧玉佛，这尊由整块翡翠雕琢成的碧玉佛，玲珑剔透，完美无瑕，工艺精湛，被誉为老挝的稀世珍宝。1778年，暹罗军队攻占万象时，碧玉佛被移往曼谷，供在曼谷玉佛寺至今。1829年，万象再次遭到战火洗劫，玉佛寺变成一片废墟。1936年开始按照原样重建，1942年竣工。玉佛寺的主体建筑——佛殿，宏伟壮观，有着典型的老挝民族建筑风格。它高超精美的建筑艺术在老挝所有的寺庙建筑中是首屈一指的。屋顶有三层重叠，飞檐高翘，犹如巨鸟振翅欲飞。台基有大小两层，所有台阶护栏上都装饰着昂首蜿蜒的巨形那迦蛇像。殿堂四周是宽阔的回廊，竖立着高大挺拔的廊柱，两侧各安放着六尊坐姿铜佛像。中间的门扉上雕刻着神态各异、服饰不同的仙人图案，外墙上都装饰着石灰雕塑花纹。殿内收藏着历代珍贵文物，其中有一尊黑色的大型铜佛像，玉佛的复制佛像，以及古籍贝叶经书等。1987年后，该寺被当作老挝佛教博物馆，成为万象市内重要的游览景点。

（三）香通寺

香通寺坐落在琅勃拉邦市湄公河与南堪河交汇处南岸，1560年赛耶塞塔提腊王朝时期，为膜拜当地的一棵神树——金树而建。相传，古时候有兄弟俩隐士，从遥远的地方一路风尘仆仆来到这里，发现当地有一棵巨大无比的金树，感到十分惊喜，心想这里一定是人杰地灵之处，便将此地起名为“香通”，意为“金树之城”，便立桩标界建城。后来这里成为老挝古国澜沧王国的都城。香通寺内主要建筑有弘法殿，具有16世纪老挝典型的建筑风格，“人”字形大屋顶，三层重檐，两端高翘，四面飞角，殿墙低矮。墙的内外均有雕刻画、彩绘画和镶嵌画。最引人注目的是西南外墙面上的“金树”镶嵌画，看上去有几分神秘感。1928年，寺庙经过一次修缮，增加了弘法殿后门门扉的装饰和鼓楼等建筑，使之比以前更为庄严美观。1962年，在寺内又新建一座灵殿，停放前老挝国王西萨旺·冯（1885—1959年）的灵车，并陈列其他有关文物。

（四）瓦普寺

瓦普寺是老挝南部著名的古建筑遗址，人们把它与柬埔寨的吴哥古迹相媲美，被称为印度支那半岛上两大名胜，属于吴哥时代以前的婆罗门教建筑。2002年12月，瓦普寺遗址已被联合国教科文组织批准成为世界文化遗产。“瓦普”在老挝语中意为“山寺”，它位于老挝下寮湄公河畔城镇占巴塞以南8公里处，建在海拔1,200米的山冈上，自东向西伸展，绵延数百米，全部用雕有各种图案的石块砌成，规模宏大。整座建筑犹如大自在天神——湿婆居住的喜马拉雅山巅，山巅上有一块巨大立石，当地人称之为“普高”，意为“九重山”。人们登上山顶，仿佛有登天之感，充满着一种神秘而梦幻的气氛。由于当时的整个建筑工程未能全部竣工，加上年久失修，现只有一座主体建筑石宫较为完整，石宫内外的石壁上均雕刻有精美的图案花纹，内容有根据印度古代两大史诗《罗摩衍那》和《摩诃婆罗多》等神话故事而描绘的各种形象，其中有骑坐金翅鸟的守护神毗湿奴、手持火把的门神、奋战魔王罗刹的猴王哈奴曼、力撕龙王之头的讫哩史那天神以及众多有关湿婆和毗湿奴站、坐、卧等各种姿势的雕像；还有狮子等动物和藤蔓花草植物的雕像。所有这些雕像精致瑰丽，造型细腻生动。瓦普寺建造的年代比较久远，大约在公元5世纪，由古代柬埔寨真腊国王为敬奉天神并作为真腊战胜占婆国的标志而修建，以后又不断加以扩建和修缮。虽然瓦普寺的大部分建筑已毁坏，但从它的遗址的规模来看，可以想象当年宏伟壮观的气势；留下的许多文物弥足珍贵，为研究老挝历史、文化、艺术提供了很有价值的实物资料。正因为如此，自1988年起，联合国开发署和教科文组织向老挝提供了数十万美元，划定16平方公里的保护区，实施保护维修瓦普遗址的计划。

关于瓦普寺的建造，当地有一则广为流传的有趣故事。相传，占巴塞的帕耶坎马塔王在修建瓦普寺时，泰国的那空帕罗女王也正好在建造帕侬塔，为此，两王约定比赛，先竣工者就以鸣锣报讯为胜。据说，当时修建瓦普寺用的全是男工，而修建帕侬塔用的都是女工。当看到瓦普寺即将完工时，那空帕罗女王巧施了美人计，派送部分女工前去“慰劳”修建瓦普寺的男工，致使瓦普寺工程进度明显放慢，而帕依塔工程却日夜加班，终于先鸣锣竣工。帕耶坎马塔王输给了那空帕罗女王，他羞愧难言，无地自容，顿时捶胸而亡，工程因此而中断，一直没有建完。至今，在石宫甬道的北边，人们仍可以看到一座大型石雕人像，右手高举火把，左手挥起捶胸的样子。

第四节　现代教育和文化发展

一、教育体系

老挝的传统教育以寺庙教育为主。1893年老挝沦为法国殖民地以后的很长时间内，老挝教育发展缓慢。直到1954年法国殖民统治即将结束时，老挝才有了初级启蒙学校以及为数不多的小学和中学。1975年老挝人民民主共和国建立以后，老挝的文化教育事业开始取得较大的发展。

近年来，老挝教育状况不断改善，已形成从幼儿园到高等学校较为完整的教育体系。公立、私立学校的课程设置、教学质量不断提高。目前，老挝的教育可分为正规教育、职业教育、佛寺教育和民校教育四类。中小学教育实行2009年改革的12年新学制，即：小学5年，初中4年，高中3年。高等教育中，学士学位的学制根据学习专业的不同，为5～7年；硕士学位学制不少于2年；博士学位学制不少于3年。老挝现有的高校包括：老挝国立大学、苏发努冯大学、占巴塞大学、医科大学、10所师范学院以及83所私立高校。老挝政府鼓励私立高等教育的发展，1995年8月，颁布了第64号政府令，正式确立合法的私立高校的建立和运行结构，该法令还就具体的支持和鼓励措施作了细致的规定。此外，老挝政府基于教育发展的需要，高度重视高等教育的双边和多边合作。目前老挝高校已与澳大利亚、日本、法国、韩国、越南、新西兰、泰国、美国、比利时、中国、加拿大、德国、瑞典等13个国家的40多所高校建立了联系。

2008年，老挝全国小学入学率约为89%，人数900,817人；初中生人数为255,083人；高中生入学率37.2%，人数154,785人。此外，老挝目前10所师范院校的师范生约17,481人。

为了全面提高教育质量，提升国民素质，老挝教育部制定了2001—2020年的教育战略。总目标是在21世纪把老挝人培养成忠诚于祖国和人民民主制度的好公民；优化国家教育系统使其标准化，培养有知识有能力的人才。当前目标是：（1）继续实行强制性的基础教育，到2020年大部分的中学教育水平得到提高；（2）进一步提高扫盲率；（3）进一步提高德、智、体及劳动教育的质量；（4）逐步降低辍学和留级率；（5）发展高等职业教育；（6）发展全民教育，缩短地区之间、性别之间、民族之间的差距；（7）注重素质培养和残疾人的教育。

二、华文教育

老挝的华文教育始于20世纪初，历史悠久。最早的华文学校以私塾的形式出现。30年代以后，老挝开始出现规范的华文学校，到60年代末发展到20余所。影响较大的主要有：南部的占巴塞省巴色市百细华侨公学，该学校华文教育历史最长，始于1929年；中部的沙湾拿吉省素旺县崇德学校，始建于1931年；中部甘蒙省他曲市华侨学校；首都万象市的寮都中学，华文教育始于1937年；北部的琅勃拉邦中正学校。以上五所华文教育的学校都是私立学校。学校设立校董事会，隶属当地的中华理事会。学校的董事长或校长由当地中华理事会会长或副会长兼任。学校经费来源主要依靠当地的中华理事会和校董事会向社会各界人士募集，同时收取少量学费。目前老挝规模最大的华校是万象的寮都中学，设高中部、初中部、小学部以及幼儿园，采用汉语、老挝语和英语三语教学。除此以外，直属教育部的老挝国立大学也开设了中文专业，属于语言学院。该专业始设于2003年9月。最初只有15名学生，两位老师。生源多为老挝在职公务员。两位老师由中国教育部公派，工资由中方负责。2010年3月23日，中国在老挝设立的首个孔子学院在老挝国立大学举行了揭牌仪式。

三、新闻出版

老挝自1988年推行革新路线以来，新闻媒体业获得较快发展。目前，20多个印刷媒体机构生产的报纸和杂志的总数约90种，包括日报、周报、月刊和年刊等。出版语言主要有老挝语、英语和法语。全国共有8家日报，6家用老挝语出版，2家用英语出版。从2000年开始，老挝开始出现私人刊物，现在共有62家双周刊、周刊和月刊，其内容主要集中在文化和娱乐方面，如《文艺报》《老挝文化》《老挝探索者》《目标》《老挝旅游》等。老挝人民革命党的党刊为《新曙光》杂志。同时，一些私人刊物设立了自己的网站。

老挝《万象时报》成立于1994年4月7日，当时是一家周报。2004年起，该报改为日报，周一到周五出版。2007年改为周一到周六出版。从2009年1月起，该报推出手机信息服务，通过短信一天至少五次向受众提供最新消息。

《人民报》为老挝人民革命党中央机关报，创刊于1950年

8月13日，用老挝文出版。其他还有《新万象报》《人民军报》和《青年报》等。外语报有英文报*VIENTIANETIMES*和法文报*LE RENOVATEUR*。

巴特寮通讯社1968年1月成立。出版老挝文《巴特寮》日报（1999年12月2日创刊）及英、法文《每日消息》。

目前，老挝全国所有的20家印刷厂，规模都很小，设备陈旧、技术落后，大部分工序为手工操作。但均可自行印书发行，出版物没有统一书号，只要有一定级别的批文即可印刷发行。

四、广播与电视

（一）广播

老挝全国目前有30多家电台，有些电台以当地方言播出。成立于1960年的老挝国家电台在1975年成为全国性的广播电台。用老挝语广播，对外用越、柬、法、英、泰语广播。此外，还有老挝人民军广播电台和14个省级广播电台。

（二）电视

老挝国家电视台于1983年12月开播。该电视台是在苏联的帮助下建成的，并通过苏联援建的丰洪卫星通信站转播前苏联的电视节目。之后在老挝各省市相继建立了各自的电视台。老挝国家电视台目前有员工230多人。主要有两个频道：第一频道和第三频道。第一频道主要内容是政治和文化，第三频道主要内容是娱乐、电影和体育。两个频道的节目信号均通过卫星传播，24小时播放。电视台经费主要依靠国家拨款，广告收入占总支出的20%，年广告收入150万~200万美元。TV3于1994年播出，最初是与泰国合资创办的，隶属于老挝文化和信息部。1999年，老挝国家电视台参与TV3的管理。2002年，老挝国家电视台正式接管了该台。2009年9月，中国政府援助老挝国家电视台三频道项目正式移交。该项目配有设备先进的电视转播车、大小演播室、自动控制系统及节目编辑制作系统等，它们已被用于2009年12月在老挝举办的第25届东南亚运动会赛事向全球现场直播及系列节目制作。

2008年4月，老挝成立了第一家私人电视台——老挝之星频道，主要介绍老挝文化和教育，属老挝民族艺术和文化促进俱乐部所有。

在有线电视方面，万象有两家有线电视公司——老挝有线电视公司（Lao Cable TV）和万象有线电视公司（Vientiane Cable TV）。老挝有线电视公司是中国和老挝文化部合作的一个项目，合作期为10年。现在，老挝有线电视公司拥有3万户用户，主要集中于万象的主城区内，光缆覆盖范围是20~25公里。万象有线电视公司是老挝自己建设的有线网络公司，现有用户1,000多户。播出的电视节目为33套左右，泰国节目较多。①

①刘琛：《老挝电视传媒：历史、身份与意识形态》，载《环球视窗》，2010年3月。

第四章
法律法规

本章导读

☆自1975年建立老挝人民民主共和国以来，老挝逐步开始研究创制符合社会主义要求和本国国情的法律法规。近年来，老挝法律不断健全，目前已初步形成较为完备的法律体系。其中，经济贸易法律尤其是投资法的修订和完善，为外国投资者提供了良好的投资环境。同时，除了老挝本国的优惠投资政策以外，中国投资者在老挝投资还享有中国与老挝的双边优惠政策及区域组织内的多边优惠政策。

第一节　法律体系

老挝人民民主共和国自1975年12月成立起，就开始逐步研究创制符合社会主义要求和老挝自身特点的法律法规。在这一过程中，老挝法律工作者既参考了王国时期的法律条文，又根据建国初期的政治及经济建设实践所总结出来的经验，为确保老挝社会经济的稳步发展，促进社会主义事业的建设，逐步制定了老挝人民民主共和国的各项法律，并以《老挝人民民主共和国宪法》为纲领，初步形成了老挝的法律体系。截至2006年老挝第六届国会，老挝共建立和修改了77部法律，包括：经济领域41部，社会文化领域16部，行政管理方面20部。加上2009年7月8日第六届国会七次会议表决通过的《老挝建国阵线法》和《渔业法》，共79部。

此外，2010年6月30日，老挝第六届国会第九次常务会议讨论通过了《消费者保护法》，7月20日，老挝国家主席朱马利签发了《关于执行〈消费者保护法〉的老挝国家主席令》。据老挝《经济社会报》报道，老挝工贸部贸易政策司官员称，为加快入世（WTO）步伐，老挝政府正抓紧调整和起草相关法律法规。已完成调整的法律法规有：《进口审批总理令》《非自动进出口许可申报商品通知》《商品原产地原则总理令》《通报和提供贸易相关数据总理令》《关税法及其实施总理令》《增值税及其实施总理令》《收取手续费和服务费的政府规定》。正在起草的法律法规有：《商品价格和服务费管理总理令》《进出口管理总理令》《设立服务贸易咨询机构和调整征收出口税的商品目录清单总理令》《税法》《保险法》《农业法》《动物疫病控制总理令》《测量法》《老挝人民民主共和国银行法》《解决经济纠纷法》《律师法》等。

总之，经过多年的努力，老挝法律体系不断得到深化和完善。本节重点就老挝的宪法及经济贸易法律向读者作大致的介绍。

一、老挝宪法

老挝人民民主共和国建立于1975年，但直到1991年，老挝最高人民议会第二届会议才通过了老挝人民民主共和国的第一部宪法。根据宪法分类理论对老挝宪法进行分析，从形式上看，老挝宪法属于成分宪法、刚性宪法、民定宪法、单一制宪法；从实质看，老挝宪法属于社会主义宪法。①

老挝宪法包括前言和正文。前言介绍了老挝简史和老挝各族人民争取祖国独立的艰苦卓绝的斗争，并为宪法定位："这部宪法是我国人民民主制度的宪法，它肯定了我国人民在解放祖国、建设祖国的斗争事业中所取得的伟大成就，明确了新时期的政治、经济、社会制度、公民的基本权利和义务以及国家机构的组织体系。"

正文部分共分为十章，包括政治制度、社会和经济制度、公民的基本权利和义务、国会、国家主席、政府、地方政府、审判机关和检查机关、语言文字、国徽、国旗、国歌和首都以及其他规定。

第一章政治制度规定了老挝的国家性质，即"老挝人民民主共和国是人民民主国家，一切权利属于人民，来自人民，并保障以工人、农民和知识层人士组成的各族人民的利益"。规定了群众组织的作用："老挝建国阵线、老挝工会联合会、

---

①参考米良：《老挝人民民主共和国经济贸易法律指南》，北京：中国法制出版社，2006年。

老挝人民革命青年团、老挝妇女联合会及社会组织机构，是团结和鼓励各民族、各阶层人士参加保卫祖国、建设祖国事业，发扬人民的主人翁精神，维护本组织机构成员合法权利的集合处。”规定了外交政策为“奉行和平、独立、友好和合作的外交政策”。此外，还规定了民族政策、宗教政策、国防治安政策等。

第二章社会和经济制度规定了“老挝人民民主共和国的经济制度是以发展生产、扩大流通，促使自然经济向商品经济转化、发展经济基础、不断提高各族人民的物质精神生活水平为目的的多种经济成分”。“国家保护和鼓励国营、集体、个体所有制形式，国内资本家私人所有制及在老挝人民民主共和国投资的外国国家所有制”，“在尊重独立、主权和平等互利原则基础上，国家鼓励和引导发展与外国多种形式的经济关系”。

第三章公民的基本权利和义务规定了老挝公民的选举权、受教育的权利、工作的权利、宗教信仰自由选择权等权利，以及依法纳税、服兵役等义务。其中，规定了“居住在老挝的外国人和无国籍人有获得老挝人民民主共和国法律保护的权利”。

第四章到第八章规定了老挝的国家机构。“国会是司法机关，有决定国家一切基本问题的权力。同时，也是行政机关和审判机关活动的监督机关。”“国家主席是老挝人民民主共和国的国家元首，是老挝各族人民的代表。”“政府是国家的行政机关。政府统一管理国家的政治、经济、文化、社会、国防、治安和外交事务。”“老挝人民民主共和国设立省、直辖市、县和村的行政机构。设省长、直辖市市长、县长、村长及副省长、直辖市副市长、副县长、副村长等行政职务。副职协助正职进行工作。”“人民法院是国家的审判机关，由最高人民法院，省、直辖市人民法院，县人民法院和军事法院组成。”“人民检察机关由最高人民检察院、省、直辖市、县和军事检察院组成。”

第九章规定了老挝的官方语言文字、国徽、国旗、国歌和首都等国家标志。

第十章规定了老挝宪法修改的条件，即“只有老挝人民民主共和国国会才有权修改宪法。宪法的修改必须经三分之二的国会议员同意方才生效”。

二、老挝投资类法律法规

为了吸引国外资金，促进革新开放，老挝政府制定并不断完善了投资法。1988年7月，老挝政府颁布了《外国在老挝投资法》；1989年3月，老挝部长会议颁布了《外国在老挝投资法实施细则》；1990年3月，老挝政府修订了外资法；1991年1月18日，老挝正式成立了“外商投资管理委员会”；1994年3月，老挝国会三届三次全会审议并通过了《老挝人民民主共和国促进和管理外国在老挝投资法》，共五章三十一条；2002年，老挝外国投资合作及国内投资管理委员会颁布了《关于外国投资项目审批程序的规定》，对申请投资的文件及程序等做了详细的规定；2004年，对《外国投资管理与促进法》进行了修订，共九章三十二条。新修订的《外国投资管理与促进法》对外国合资企业的注册资金（不得低于30%）、投资期限（50～70年）、外国投资者的权益与义务、外籍员工交纳的个人所得税（需按10%的税率）、老挝政府鼓励投资的行业及优惠的税收政策、投资申请与审批期限以及矛盾纠纷的解决等都做了详细的规定。

2009年，老挝政府继续修订投资法。《老挝人民民主共和国投资促进法》于2009年9月18日正式颁布，按照国际惯例，将现有的《老挝人民民主共和国国内投资促进法》和《老挝人民民主共和国促进和管理外国在老挝投资法》两部投资法合并，今后国内外投资者将执行同一法律，政府部门在执法中也将更加便利。从1988年出台第一部投资法到2009年的20年，加上期间1994年和2004年的两次修改，为新投资法出台积累了丰富的经验，尤其在投资促进、投资便利、投资争议的探索中取得一定成效。2010年3月5日，老挝国家主席签署第75号主席令，新版《投资促进法》正式颁布实施。2009年修订版《投资促进法》对旧法的8处作了修订和完善，如：投资方式、投资类型、审批程序、一站式投资服务、投资指导目录、优惠政策、专门经济区开发投资以及中央与地方管理职能划分等。

2009年修订版《投资促进法》共分为十一章九十九条。十一章内容分别为：（1）总则；（2）投资方式；（3）投资活动，包括：投资项目的分类、普通项目投资、特许项目投资活动、引资目录中的项目投资、经济特区发展项目投资、投资“一站式”服务、代表处和分公司；（4）鼓励和保护投资，包括：鼓励投资的税收政策、鼓励投资的其他政策、投资保护政策；（5）投资者的权利和义务；（6）禁止事项；（7）暂停、变更、取消和结束投资；（8）纠纷解决；（9）投资管理和监督，包括：投资管理（主要论及投资管理原则以及中央和地方的分权）、投资管理机构、检查；（10）奖励政策和处罚措施；（11）最后条款。

以下主要介绍部分新修订的内容。

——多种多样的投资方式

投资者可以下列方式进行直接或间接投资：（1）国内或外国投资者开办独资企业；（2）国内投资者与外国投资者开办联营股份制企业；（3）以合同形式进行合作经营。在联营股份制企业中，外国投资者在企业中的投资不得低于全部投资资金的10%（旧法是30%）。特许经营企业的注册资金不得低于全部投资金额的10%，普通企业依照企业法的相关规定执行。

——划分更细致的投资类型

投资类型包括：普通项目投资、特许项目投资、经济特区发展项目投资和专项经济区发展项目投资。普通投资是指在普通行业进行的投资活动，包括《限制进口商品名录》中所列的特许经营以外的行业；特许项目投资是指投资者获得政府批准，对特定的国有行业，如：土地、矿产、电力、航空、电信、保险、金融等进行投资并依法拥有使用权及其他权利的特许经营，特许经营行业目录由老挝政府规定；经济特区发展项目投资是指投资者对经济特区的基础设施进行投资，以完善经济特区的环境，将其建设成为新城；专项经济区发展项目投资则指对专项经济区的基础设施进行投资，以期将该区建设成为工业区、出口生产区、旅游区等等。有意进行普通投资的外国投资者，全部资金不得低于10亿基普。

——更为宽松的投资期限

普通项目投资不限制投资期限，但具体投资行业的相关管理部门有特殊法律法规规定除外；特殊项目投资根据性质、规模、投资资金以及项目条件而定，但最高不得超过99年，根据中央政府和省政府的决定可以延期；经济特区发展项目投资根据性质、规模、投资资金以及项目条件而定，但最高不得超过99年，根据中央政府的决定可以延期。

——便捷快速的一站式投资服务

投资一站式服务窗口为投资者提供全面便利的服务，提供资料和数据，审核投资申请，签发企业注册证或特许经营许可证以及其他相关文件。

一站式服务窗口开设状况如下：计划与投资部门负责特许经营项目投资的相关业务；工商部门负责普通项目投资的相关业务；经济特区和专项经济区负责本区投资的相关业务。

投资一站式服务窗口的工作准则：（1）在规定时间内答复在本窗口递交投资申请的投资者；（2）可由投资者本人或其合法代表向投资一站式服务窗口递交投资申请；（3）服务窗口负责为投资者提供各种相关资料，并处理与投资者之间发生的问题；（4）相关收费标准须公开，并张贴在服务窗口；（5）服务窗口的工作要按照规定进行，工作方式要简明快捷，有创造性、透明性、公开性和可考核性；（6）关于投资的所有决定须经投资一站式服务办公会议表决通过。

——更科学合理的中央与地方管理职能划分

对投资的管理应遵循以下准则：更多地把管理权限下放到地方，充分发挥地方的作用，中央政府的职责主要是进行宏观管理。地方主要负责投资注册证的签发和管理工作，依据法律的有关规定，在有关部门和地方政府的协助配合下，中央负责对具有战略性的项目，如涉及到多个部门、多种行业配合的项目、运用高科技的项目、金融行业、保险行业、电信行业、航空业、国有行业、能源、矿产、石油、天然气等项目的签发和管理等工作；地方政府将根据自己的职责，协助中央政府对由中央批准设立在本地区的投资项目进行管理工作。

三、老挝企业类法律法规

老挝企业类的法律法规有《老挝人民民主共和国企业法》《老挝人民民主共和国企业破产法》以及《老挝人民民主共和国企业会计法》等。

《老挝人民民主共和国企业法》于1994年颁布，“为了促进商品经济沿国家调整的市场机制前进，对各类企业形式作出规定。”但同时，该法也规定了适用范围为“注册资金100万基普以上的企业”。企业法共四章，包括：总则；经营者、开展经营的条件及贸易证明；组织开展经营；最后条款。

《老挝人民民主共和国企业会计法》于1990年11月通过，同年12月颁布实施。它是企业会计工作的准绳、依据和总章程，是一切企业会计法规、制度的“母法”。适用于老挝境内的所有企业，具有统一会计核算标准，保证会计信息质量，从而适应社会主义市场经济发展的需要。该法共七章二十八条，分别为：一、总则；二、会计工作组织；三、各种综合报表；四、评估和收益计算；五、各种文件的凭证价值、检查和公布；六、惩罚措施；七、最后条款，规定了该法的效力和组织实施机关。

四、老挝合同类法律法规

老挝合同类的法律法规包括《老挝人民民主共和国合同法》、《老挝人民民主共和国合同外责任法》以及《老挝人民民主共和国合同履行担保法》等。

《老挝人民民主共和国合同法》于1990年6月通过，同年7月公布实施，是老挝调整合同的基本法律。在老挝的法律概念中，合同是指机构之间、机构与个人之间或个人之间关于民事权利和义务的产生、改变和终止的一种决定。“为满足债权人的要求，或补偿不履行合同或不正确履行合同造成的损失，法律允许采用的措施有：抵押、担保、罚款。”合同分为以下几类：交易合同和交换合同、寄卖合同、借贷合同和财产借用合同、租用合同、财产寄存合同、委托合同、服务合同、城建合同、运输合同、股份合同等。本章第二部分对各合同的概念、签订合同的双方的权利和义务等方面进行了阐述。

五、老挝土地和资源能源类法律法规

《老挝人民民主共和国土地法》自1997年5月31日起生效，共分六章八十六条，包括：总则；土地管理和土地登记；土地使用人的权利和义务；土地使用的检查；解决土地问题、对立功者的政策和违反者的措施；最后条款。老挝土地法是指对土地进行调查、开发、利用、保护、治理、建筑和管理的法。根据宪法规定，老挝人民民主共和国的土地所有权归国家，国家在全国范围内集中统一管理，由个人、家庭及组织、经济组织、武装部队、国家机关、社会及政治组织有效使用，并允许外籍人士和无国籍人士租赁，个人和组织不能用土地作商品交易。土地法将土地分为八种类型：农业用地、林业用地、建筑用地、工业用地、交通用地、文化用地、国防治安用地、水域用地。分别由不同的部门管理，分别为：农林部管理农业用地、林业用地和水域用地；财政部管理建筑用地；工业、手工业部管理工业用地；公共工程与运输部管理交通用地；新闻文化部管理文化用地；国防部和内政部管理国防治安用地。

土地法除了规定老挝公民获取土地的相关事项外，还规定了外国人租赁土地的权利和义务，“在老挝人民民主共和国依法投资和活动的外国人、无国籍人、外籍人、上述个人的组织，可以向政府租赁土地。如果需要从老挝公民手中租赁已开发的土地，应获得土地所在地省、市或特区政府的批准。至于外国个人或组织如果需要从老挝公民手中租赁已开发的土地，则应由土地所在地的省、市或特区政府向财政部建议审批”……“外国投资者的土地租赁或特许权期限根据项目、产业的条件、规模、特性而定，但最高不得超过50年，经政府同意视情形可续租”，“在经济特区获得的土地租赁或特许权期限最高不超过70年，但经国会同意可延期”，“超过1万公顷的租赁或特许权须有国会的认可证明”。

此外，老挝资源类法律法规还有矿产法。老挝现行的矿产法规，一是《老挝人民民主共和国矿业法》（1999年4月12日国会通过，同年5月31日国家主席颁布实施），二是《老挝人民民主共和国矿产投资标准条例》（2005年12月29日工业和手工业部颁布实施）。《老挝人民民主共和国矿业法》旨在加强对矿产资源的保护、勘探、开发和矿产品加工、出口的管理，以发挥自然资源优势，促进工业化进程和改善人民生活。适用于老挝人民民主共和国境内从自然资源的地址普查、勘探到矿产开采和加工的整个矿产资源的开发和管理。

本法一共分为八章。一、总则。其中界定了老挝矿产资源的所有权“都归全体人民所有，由国家实行集中统一管理”。二、地质普查和矿产资源管理。本章规定了保护或限制的矿种以及矿产资源资料的保存和使用，“政府将规定并公布每个时期保护的矿种，禁止或限制以原料形式进出口的矿种名录”，“禁止个人和单位非法隐藏、破坏或出售矿物标本，只有政府有权购买具有科学意义或价值高的稀有矿物标本”。三、矿产资源区的划分。本章将矿产资源区划分为四类：矿产开采准许区、保护区、禁止区、有害区。四、矿产的勘查和开采。本章规定了老挝境内的矿产勘查和开采投资的三种形式：国家独资、国家与国内或国外企业合资、国内集体或私人投资；阐明了矿产勘查和开采办法：“应申请矿产普查许可证。在获取充足资料后，可以申请勘探许可证。勘探工作结束后，如申请开采许可证，应向政府提交经济可行性研究报告、环境生态和社会的影响评估报告……单位和个人在获取开采许可证后，应依照老挝人民民主共和国的法规成立并注册企业。”列举了取得矿山开采权的条件：“具有资金和技术能力；具有经营矿山的丰富经历和信誉；矿山开采具有效益，符合国家的社会经济发展计划，并对环境不造成严重影响。”五、矿山经营者的权利和义务。本章除了对矿山经营者的权利和义务进行了详细说明外，还涉及了其他一些内容，如：经营者应同所在地的地方政府保持联系，矿山勘查和开采的终止，矿产开采区的清退等。六、矿山经营的监管机构。本章介绍了政府授权管理矿山经营的机构为：工业、手工业部；省、市或特区的工业、手工业厅；县工业、手工业办公室；村公所。阐明了各管理机构的职权及监督检查的主要内容和检查办法。七、仲裁、奖励和惩罚。本章规定：“外国投资者之间或外国投资者与老挝投资者发生纠纷，依照《老挝人民民主共和国外国投资管理法》第二十一条规定解决。”同时，介绍了奖励和惩罚措施，奖励政策包括“提供信贷、延长矿山开采期限在内的表彰和奖励”，惩罚措施“视情节的轻重，分别给予教育、罚款或追究刑事责任等处分”。八、最后条款。

《老挝人民民主共和国电力法》于1997年通过，同年5月宣布实施。共十二章，分别为总则、电力业、电力业经营特许权、电力设备的安装和标准规定、电力生产、送电、卖电、电力出口和电力进口、地方和农村电力开发、电力企业管理和检查机构、奖励政策和处罚措施、最后条款。该法律旨在“规定电力生产、输送、销售、管理体制，提高效率，发挥自然资源的优势，开展电力进出口业务，为实施社会经济发展规划和改善人民生活作贡献”。

第一章总则规定了电力投资者的权益保障及与外国的合作，“政府依照老挝人民民主共和国的法规保障投资于电力企业和消费者的权益”，“政府依照《促进和管理外国在老挝人民民主共和国投资法》就有关电力的生产、销售、进出口及电力的经营开发，开放与外国的合作。”

第二章规定了电力业的概念以及不同规模的电力企业的审批。“电力业是指有关电力考察、收集资料、设计、建设安装、生产、输送、销售、进出口及其他有关电力的开发和服务的活动。”电力企业的规模划分为四类：（1）装机容量高于50,000千瓦以上的，由政府提交国会审批；（2）装机容量处于2,000～50,000千瓦的，由政府审批；（3）装机容量处于100～2,000千瓦的，由省、市、特区人民政府根据工业、手工业部的同意作决定；（4）装机容量低于100千瓦以下的，由县人民政府根据省、市、特区的同意作决定。

第三章规定了投资电力业的形式、申请经营特许权的程序、经济技术可行性研究报告包含的内容、获得经营特许权人的条件、经营特许权期限以及获得经营特许权人的权利和义务等。投资电力业的形式包括：政府独资；政府与国内或国外其他单位合资；国内集体或私人投资。经济可行性报告的内容包括：经济社会效益；将可以生产的最高电能；项目的预计价格；预测大坝或其电力系统的寿命及耐用性；预测的电价；实施计划和程序，建设、安装和开始供电时间。此外，还必须做对环境影响的评估报告。

第九章关于地方和农村电力开发中提到政府为了保证农村人民商品生产和生活，鼓励发展地方和农村电力。“政府在进口机械设备、建设、开展地方和农村电力工作方面给予减免税，提供信贷的优惠政策。”

六、老挝税收类法律法规

老挝的税收类法律法规包括《老挝人民民主共和国税法》《老挝人民民主共和国税法实施细则》《老挝人民民主共和国政府税法修正案实施细则》《老挝人民民主共和国主席关于相对修改消费税的命令》《老挝人民民主共和国关税法》《老挝人民民主共和国土地税条例》等。

《老挝人民民主共和国税法》于1995年制定，自1996年1月24日起生效，共分九章九十条。1998年进行修订，出台了《老挝人民民主共和国政府税法修正案实施细则》。2000年再次修订，出台了《老挝人民民主共和国主席关于相对修改消费税的命令》。该法规定税收是指在老挝人民民主共和国境内一切开展业务或谋生者必须为保卫、建设国家发展事业作贡献的纳税义务。适用于老挝人民民主共和国境内进行商品消费或服务业、开展经营、从事自由职业和享用有各种收入的个人或法人。根据税法规定，老挝的税收制度由间接税和直接税构成，间接税包括营业税和消费税；直接税包括利润税、所得税、最低税以及各种手续费。营业税率在1995年的税法中分为甲、乙、丙、丁四类，税率分别为3%、5%、10%和15%，1998年出台的新税法修正案中更改为甲、乙两类税率，税率分别为5%和10%。2010年，老挝开始实施取消营业税、开征增值税的改革，增值税可能将演变成老挝税收体系的核心税种。按税法第二十七条和二十八条之规定，在老挝人民民主共和国境内开展经营、享有利润或收入的个人或法人，不论其是老挝人，还是外籍人、外国人以及无国籍者，一律必须向政府预算交纳利润税或所得税。同时，“进入老挝人民民主共和国境内的外国劳工，虽然只收到在国外的工资，但如果其居住在老挝人民民主共和国境内180日以上，必须在老挝人民民主共和国交纳所得税，除非老挝人民民主共和国政府和有关部门另有规定。”

《老挝人民民主共和国关税法》共十二章一百零八条。该法对老挝人民民主共和国的进出口贸易和国内的商品物资流通作出了原则规定。其目的在于保护和促进国内的商品生产和经营，吸引外国投资和促进与外国的合作，鼓励出口，保证国家预算收入来源，为国民经济的发展作出贡献。税法规定，“进出口老挝人民民主共和国的商品物资，必须依照国会通过的进出口税率目录的原则规定统一纳税。列入保税和免税制的商品物资除外。绝对禁止任何人以任何形式增加或减少已作出规定的关税税收比例。”

《老挝人民民主共和国土地税条例》于1989年通过，1992年修订。共四章，包括：总则；各种土地税收税率；免税；组织实施。根据土地税条例规定，土地税应从老挝人民民主共和国境内一切土地所有者和土地使用者中征收。土地税按年征收，具体根据土地面积及等级确定，从1月1日至12月30日计算。条例将土地税分为三类：建筑用地；农业用地（谷地、果园、山地）；其他用地。主要根据土地地区位置和用途确定。条例详细列举了各类土地的课税标准。同时，列举了可以免税的各种情形，其中包括：开垦坡地，从坡地开垦之日起5年内免税；平原地区的土地开垦3年内可免税；长期工业林木用地、果园，将根据产量，确定2至5年免税。

七、老挝金融类法律法规①

老挝金融和会计类法律法规包括《老挝人民民主共和国银行法》《老挝人民民主共和国商业银行条例》《老挝人民民主

---

①参考米良：《老挝人民民主共和国经济贸易法律指南》，北京：中国法制出版社，2006年。

共和国银行关于在境内使用外汇的公告》《关于外汇和贵金属流通管理的法令》和《老挝人民民主共和国企业会计法》等。

《老挝人民民主共和国银行法》于1995年10月通过，并于当月由主席令第26号颁布。该法是老挝现行银行法律制度的核心，共分为十三章六十二条，分别为：第一章为总则；第二章规定老挝中央银行的权限和职能；第三章是有关老挝中央银行资金的规定；第四章和第五章规定了老挝中央银行的组织机构；第六章是国家对老挝中央银行监督检查的规定；第七章是有关老挝货币的规定；第八章是有关外汇的规定；第九章和第十章分别对老挝中央银行与其他金融机构和政府的关系作出了规定；第十一章规定了老挝中央银行会计和报告制度；第十二章规定了对违反银行法的行为之处罚措施；第十三章是该法的最后条款，规定其生效时间和由老挝政府组织实施该法。

《老挝人民民主共和国商业银行条例》于1997年3月颁布实施。该条例共五章六十九条。第一章总则；第二、三章分别规定了私营商业银行和国有商业银行的设立、资金、组织、业务、解散等；第四章概括性地规定违反本条例的惩罚措施；第五章为最后条款，规定该条例的实施及效力。

此外，老挝政府还颁布了《关于外汇和贵金属流通管理的法令》，执行严格的外汇和贵金属流通管制制度，目的在于加强对外合作，开放国内商品—货币流通，逐步发展商品经济和货币市场；保障国家货币的主权性和独立性，使国家的货币值日益提高；同时也为了独成体系地管理外汇流通和更好地保障国家的财产。

八、老挝劳动和社会保障等相关法规

老挝已经基本具备较为完善的劳动就业法律体系。目前，老挝政府已颁布实施的劳动和社会保障等相关法律主要有：《劳工法》（修订本，2007年1月16日）、《关于老挝劳务外派的总理令》（2002年5月28日）、《引进和使用外籍劳务管理的决定》（1999年3月23日）、《引进外籍劳务许可的决定》（2007年12月10日）和《老挝出入境管理和外国人管理的总理令》（2009年5月25日）、《老挝人民民主共和国保险法》等。

《劳工法》共十四章七十七条，主要内容包括：劳动技能开发培训、劳动制度、劳动合同、女工和童工、劳动保护、工资报酬、工伤职业病、社会保险、退休和补贴、劳动纠纷、劳动管理和监督以及奖惩政策等。

《引进和使用外籍劳务管理的决定》共七章二十二条，主要内容包括：引进外劳的申请条件和程序、审批权限、登记备案和务工延期、外劳管理和变动以及奖惩措施等。①

总结

总体来说，近年来，老挝为了加快经济社会发展，摆脱欠发达状态，逐步完善了法律体系，尤其是改善了针对外国投资者的法律环境，使外国投资者在老挝的投资环境有了法律保障。在维护广大投资者利益的同时，也促进了老挝国内资源的合理开发和利用，推动了老挝经济的快速增长。

①中国驻老挝经商处网站《关于老挝劳动就业市场及政策环境的调研报告》，2010年1月30日。

更多信息

欲了解老挝经贸方面的更多法律信息和具体条文，可参阅以下两本书：《老挝人民民主共和国经济贸易法律选编》以及《老挝人民民主共和国经济贸易法律指南》（米良主编，中国法制出版社，2006年出版）。《老挝人民民主共和国经济贸易法律选编》一书对老挝经济贸易方面的法律法规作了较为全面的收录；《老挝人民民主共和国经济贸易法律指南》一书在收录法律法规基本条文的基础上，作了更为深入的分析和归纳总结。

第二节 投资政策

一、老挝的投资政策[①]

老挝的投资政策已经形成了比较规范的体系。在该体系之中，明确界定了投资者的投资范围、融资方法、企业营运、投资者的权利与义务等事项；与此相配套，老挝还制定了《投资促进法》等相关法规条文，其对投资者的资质、投资门槛、监管机构、投资流程、投资技术、企划与管理、企业的经营管理、财务和会计监督、外汇管理等事项也做出了明晰的说明。这些投资政策旨在“鼓励老挝国内外的投资者在老挝进行投资并对投资进行管理以促进投资便利化、快捷化和合法化，让投资依法得到老挝政府的保护，同时也确保投资者、国家和人民的利益，以充分发挥投资对国家社会经济发展的作用，使国家社会经济能够持续、长久地发展，为保卫国家和把国家建设成

①参考2009年7月修订、2010年3月颁布实施的老挝《投资促进法》。

为一个富强的国家作贡献”。

根据2009年修订的《投资促进法》，老挝政府鼓励投资者进行投资的行业主要有农业、工业、手工业和服务业。老挝政府已对这些行业作了详细的划分，把它们划分为三个层次，具体包括了在国家建设中的优先发展的项目、脱贫致富项目、基础设施建设、人才开发项目、扩大就业项目等。

鼓励投资的项目划分为如下三个层次：第一类为最鼓励投资的项目；第二类为中等鼓励投资的项目；第三类为一般鼓励投资的项目。

根据老挝国家社会经济结构和地理位置，把鼓励投资区划分为三类：

一类投资区：在这类投资区内，社会经济条件还不能为投资提供便利，多处于边远偏僻的山区，在这类投资区投资的项目属于第一类，即最受鼓励的投资项目；

二类投资区：在这类投资区内，社会经济条件能为投资提供部分便利，地理位置也不像一类投资区那么偏僻险恶，在这类投资区投资的项目被列为第二类，即中等鼓励投资项目；

三类投资区：在这类投资区内，社会经济基础能为投资提供很大的便利，在这类投资区投资的归为第三类，即一般鼓励投资项目。

（一）税收优惠政策

利润税的优惠政策：

——在一类投资区内投资：属于最鼓励投资的项目将免10年利润税；属于中等鼓励投资的项目将免6年利润税；属于一般鼓励投资的项目将免4年利润税。

——在二类投资区内投资：属于最鼓励投资的项目将免8年利润税；属于中等鼓励投资的项目将免4年利润税；属于一般鼓

励投资的项目将免2年利润税。

——在三类投资区内投资：属于最鼓励投资的项目将免6年利润税；属于中等鼓励投资的项目将免2年利润税；属于一般鼓励投资的项目将免1年利润税。

免利润税的时间从开始经营活动之日算起。对从事商品生产、研究和创造新工艺等行业，将从产生利润之日算起。免税期过后，相关企业应依照税法的有关规定缴纳利润税。

矿产开采、电力、植树等项目遵照有关法律规定执行。

其他税收优惠政策：

投资者除了可以享受利润税的优惠之外，还可以享受以下税收优惠：将所获得的纯利润用于再投资以扩大生产的，将免下一财政年度的利润税；进口直接用于生产的设备、原料和运载工具时，遵照有关的专门法规免进口税；出口普通产品时，免出口税。对于出口自然资源和自然资源产品，遵照有关法律执行；出现年度亏损时，投资者可在下一年度扣除亏损金额，并由税务部门出具相关证明。投资者可在三年内扣除所亏损的金额。如三年内，投资者尚未全部扣除所亏损金额，将不允许在下一年度再继续扣除。特别经济区内的企业遵照该特别经济区的运作和管理条例执行。

（二）资金来源的优惠

国内外的投资者均可通过向老挝和外国商业银行和金融机构贷款以解决投资资金。

（三）特别鼓励政策

特别鼓励政策有下列内容：

1. 投资建医院、幼儿园、普通学校、职业学校、专科学校、大学、研究分析中心等享受免费租赁场地、免费使用土地的优惠，具体如下：

在一类区投资投资，享受免费租赁场地、免费使用土地的优惠15年；

在二类区投资投资，享受免费租赁场地、免费使用土地的优惠10年；

在三类区投资投资，享受免费租赁场地、免费使用土地的优惠3年。

2．投资建医院、幼儿园、普通学校、职业学校、专科学校、大学、研究分析中心等将根据本法一般利润税优惠的基础上再免5年利润税。

（四）鼓励投资的其他优惠政策

提供相关的资料数据信息，即：为了保证投资者能够全面、迅速、及时地获知投资的有关信息，须由投资一站式服务窗口成立数据资料信息中心给投资者提供相关的资料，数据资料信息中心负责收集、汇总与投资有关的资料，为投资者提供服务，通过互联网、资料手册、杂志、宣传画报等形式或通过老挝驻外使馆、领事馆或商务代表等机构向有意投资者进行宣传。

享受土地和其他不动产使用权的优惠，即：项目投资额在25亿基普以上的外国投资者依法有土地使用权，可修建房屋，并对所修建的房屋拥有所有权；一般外国投资者有权买卖不动产，如楼房或其他建筑物等，但对建筑物所在的土地没有使用权。

（五）投资者权益的保障

投资者的权益将依照老挝的法律法规及老挝作为缔约国的世界组织公约的相关规定得到保障。老挝政府承认和充分保障投资者的权益，不征收、没收投资者的财产，不把投资者的财产变为老挝国家所有；为满足公众利益而让投资者遭受损失时，将按照双方约定的支付方式，按照当时市场的价格给予投资者相应的赔偿；老挝政府承认和保护投资者依照老挝知识产权法的有关规定进行注册的或老挝作为缔约国的国际公约所规定的知识产权。

同时，外国投资者本人及家庭成员在老挝投资期间将依法享有在老挝的居住权。外国技术人员、专家将根据工作合同依法享有在老挝的居住权；外国投资者及家庭成员、技术人员、专家在出入境以及办理多次往返签证时可享受便利，但多次往返签证的时间不得超过5年。

在缴清税收和其他相关的费用后，外国投资者依法有权把属于个人或企业的资金、财产和其他收入通过设在老挝的银行带到国外。

二、双边政策：中国与老挝之间的相互投资优惠政策

（一）《中国政府和老挝政府关于鼓励和相互保护投资协定》

为发展两国的经济合作，鼓励和保护两国投资者相互间的投资，1993年，中老两国政府签订了《中国政府和老挝政府关于鼓励和相互保护投资协定》。该协定共十二条，主要内容包括“投资”和“投资者”的定义，投资者的待遇和保护，资产转移，争端解决等。部分具体条款如下：

第四条规定，缔约国任何一方不应对缔约国另一方投资者在其领土内的投资采取征收、国有化或其他类似措施，除非符合下列条件：（1）为了公共利益；（2）依照国内法律程序；（3）所采取的措施是非歧视性的；（4）给予适当和有效的补偿。

第五条规定，缔约国任何一方应在其法律和法规的管辖下，

保证缔约国另一方投资者转移在其领土内的投资和收益。上述转移，应依照转移之日接受投资缔约国一方通行的汇率进行。

第七条规定，缔约国双方对本协定的解释或适用所产生的争端应尽可能通过外交途径协商解决。如在六个月内通过协商不能解决争端，根据缔约国任何一方的要求，可将争端提交专设仲裁庭。

（二）中老两国避免双重征税的协定

《中老两国政府避免双重征税的协定》签署于1999年，是中国政府和老挝政府关于对所得避免双重征税和防止偷漏税的协定。《协定》共分为二十九条，对定义、征税条目、各类人群的征税、消除双重征税的方法、仲裁方式等作了详细规定。

《协定》规定：

第一，协定所适用的税种包括了中老两国现有的所有税种，而特别适用的现行税种主要是老挝的企业所得税、个人所得税和中国的个人所得税、外商投资企业所得税；

第二，中老两国的投资者在对方国家的不动产所得，应在对方国家征税；

第三，中老两国的公司在对方国家设立分支机构，则分支机构和母公司应该分开征税，即：母公司税收由母公司所在国征收，分公司则由分公司所在国征收；

第四，以船舶、飞机或公路车辆经营国际运输业务所得利润应由该企业的总机构所在国征收；

第五，对于联属企业，其所得可视情况或者向分布于两国的企业征收或者只征收其中一个国内企业所得；

第六，两国投资者在对方国家金融机构的利息所产生的税务，可以由投资者所在国征收或者由金融机构所在国征收，但如果利息是支付给政府的，则应免税；

第七，中老两国一方居民由于专业性劳务或者其他独立性活动取得的所得，应仅在该公民所属国征税；但是如果该国居民在另一国有从事经营活动的固定基地或者居留满183天，则另一国可单就基地和该段时间内的活动进行征税；

第八，消除双重征税的方法：在老挝，老挝居民从中国取得的所得，按照协定规定在中国缴纳的税额，可以在对该居民征收的老挝税收中抵免。但是，抵免额不应超过对该项所得按照老挝税法和规章计算的老挝税收数额；在中国，中国居民从老挝取得的所得，按照协定规定在老挝缴纳的税额，可以在对该居民征收的中国税收中抵免。但是，抵免额不应超过对该项所得按照中国税法和规章计算的中国税收数额。

三、多边政策：区域组织下的政策

除了老挝本国提供的优惠的投资政策外，中国和老挝政府之间以及区域组织也为投资和贸易提供了双边和多边的便利和优惠。

（一）大湄公河次区域框架下的优惠政策

2005年7月在昆明召开的大湄公河次区域经济合作第二次领导人会议通过的《领导人宣言》，批准了《大湄公河次区域GMS贸易投资便利化战略行动框架》，承诺在2005至2010年间，配合中国—东盟自由贸易区的建设，在海关制度、检验检疫、贸易物流和商务人员流动四大领域，采取具体的便利化措施，降低次区域贸易和交易成本。该框架是指导大湄公河次区域经济合作未来10年发展的重要纲领性文件。

海关制度的战略目标是通过简化海关制度、加强一致性和提高透明度，以减少贸易壁垒，最大限度地降低交易成本，并提高贸易数据收集的效率和质量。检验检疫措施的战略目标是通过大湄公河次区域经济合作（GMS）中的世界贸易组织（WTO）成员国逐步实施《技术性贸易壁垒协议》（TBT协议）和《实施卫生与植物卫生措施协定》（SPS协定），正在进行WTO准入谈判的国家采取类似规章，减少不必要的边境检验检疫措施，以实现更高程度的贸易便利化。贸易物流的战略目标是简化协调GMS跨境交通规章/手续、促进贸易物流及相关设施的发展，从而提高经济走廊的货物运输效率并减少贸易交易成本。商务人员流动的战略目标是加强从事商务活动的GMS成员国公民在次区域内的流动。其中，《行动框架》确定的商务人员流动的主要行动包括四个方面：（1）简化从事商业活动的GMS公民在次区域内申请签证、延期和临时居留的手续。（2）考虑并发展允许GMS公民在次区域内多次入境的GMS商务签证政策。（3）通过向商务旅行者提供适当的英文出版物等，提高相关法律和规则的透明度。（4）探讨将GMS商务签证政策扩展到第三方国家的可行性。

（二）中国—东盟框架下的优惠政策

2010年1月1日中国—东盟自由贸易区正式全面启动。从2001年11月东盟“10+1”宣布十年内建成自由贸易区的目标起，中国与东盟达成了一系列惠及双方的协议。2002年签署了《中国与东盟全面经济合作框架协议》；2003年“早期收获计划”正式实施，2004年签署了《货物贸易协议》和《争端解决机制协议》，2007年签署了《服务贸易协议》，2009年签署了《中国—东盟自由贸易区投资协议》。

2002年，《中国与东盟全面经济合作框架协议》签订，标志着中国与东盟的经贸合作进入了崭新的历史阶段。《协议》规定，每一缔约方承诺根据一定的门槛进一步进行关税的削减和取消，其中与老挝相关的包括：附录一：每一缔约方应不迟于2010年1月1日对老挝将正常类税目中50%的税目的关税削减到0～5%；老挝应不迟于2013年1月1日取消正常类税目中40%的税目的关税；应不迟于2018年1月1日对老挝取消各缔约方在附录一中列明税目的中国—东盟自贸区税率。附录二：老挝列入敏感类的税目数量不应超过500个六位税目的上限；一缔约方列为敏感类的税目可被进一步划分为敏感清单和高度敏感清单，但高度敏感清单中的税目数量不应超过一定的上限，其中老挝不应超过敏感类税目总数的40%或150个税目，以低者为限；老挝应将适用于各自敏感清单税目的实施最惠国税率不迟于2015年1月1日削减至20%，这些税率应不迟于2020年1月1日进一步削减至0～5%。

2009年，《中国—东盟自由贸易区投资协议》签订，为中国—东盟自由贸易区的最终建立奠定了基石。该协议包括二十七个条款，旨在通过双方相互给予投资者国民待遇、最惠国待遇和投资公平公正待遇，提高投资相关法律法规的透明度，为双方投资者创造一个自由、便利、透明及公平的投资环境，并为双方的投资者提供充分的法律保护，从而进一步促进双方投资便利化和逐步自由化。

第五章
投资指南

本章导读

☆历史上，薄弱的经济基础与多年战争的破坏让老挝的基础设施建设步履维艰。近年来，老挝政治稳定，经济实力不断扩大。为了进一步吸引外资，加强与他国合作，促进经济发展，老挝政府加大对电力、交通、通信等基础设施的建设力度，取得了可喜的成绩，为中国企业投资老挝创造了更为有利的环境。除此以外，中国企业投资老挝还拥有天时、地利、人和的各种有利条件，无论是老挝国内政局的稳定，国际求发展的趋势，还是中资机构长期以来在老挝奠定的坚实基础和良好口碑，都将成为中国企业投资老挝的敲门金砖。当然，我们也不可忽略投资老挝可能存在的风险，如劳动力质量不高、融资难、法律执行不力等。若决定投资老挝，除了解投资程序和操作方法以外，全面了解老挝国情和相关注意事项也是必不可少的工作。

第一节 不断完善的基础设施

由于经济基础薄弱，加上多年战争的破坏，老挝的基础设施还较为落后。近年来，老挝政府不断加大对电力、交通、通信等基础设施的建设，以期进一步促进和加强经济发展及与他国的联系与合作。

一、电力

老挝北部、中部和南部分为三个区域电网，部分农村和偏远山区仍无电力供应。现有电网最高输电电压等级为115千伏。据老方统计，截至2009年度老挝全国输变电线路总长19,503公里，多数为单回线路。其中115千伏输电线路2,364公里；35千伏输电线路194公里；25千伏输电线路165公里；22千伏输电线路13,844公里。全国共有13个水电站，装机容量约182万千瓦，约72%的家庭（70余万户）、58.7%的农村、95.1%的县市可以正常用电。未来5年，老挝政府将重点建设115千伏国内电网和230千伏、500千伏连通泰国、越南电网，其中230千伏输变电线路共1,377公里，22千伏输变电线路370公里，全国用电家庭比例达80%。①

另外，据老挝媒体2009年11月的报道，韩国共同发展经济基金（EDCF）向老挝政府提供3,788.4万美元优惠贷款，用于建设老挝国家电网及老挝北部四省（沙耶武里省、万象省、乌多姆赛省及丰沙里省）电网输变电项目。

2011年1月5日，中水电建设集团国际工程有限公司与老挝

①参考中国驻老挝经商处网站。

电力公司签署SENO-SARAVAN 230KV输变电线路项目合作备忘录，项目是老挝国家规划电网重点项目，主要包括新建230KV变电站，新建输变电线路长度218公里，投资初步概算约1.3亿美元，由中水电建设集团国际工程有限公司以EPC方式承建。

二、交通

老挝的交通主要包括陆路、水路和航空。其中，陆路以公路运输为主，水路以河运为主，其次是航空。乡村主要依靠人力和畜力运输。近年来，老挝交通基础设施取得了较大发展，但由于没有出海口，也没有较长的铁路，总体而言，交通还是较为不便。

陆路交通：老挝公路通车里程三万多公里，公路运输量占全国运输总量的80%左右。全国国家级、省级以及省通县首府的公路旱雨两季通车率约为90%。目前，老挝积极推进公路等通道建设，加快由内陆型国家向陆路开放型国家转变。除1,500公里的13号公路连接老挝南北通道外，在北部R3、3号公路同中、泰、越相连接；在中部8、9、12号公路打通了越、老、泰、缅四国东西经济走廊；在南部10、15、16、18B号公路同柬、越、泰相连；西北部的老—泰公路和东北部的7号公路分别同泰、越两国相连。另外，中国云南通往东南亚的国际大通道——昆曼高速公路已全线贯通。昆曼公路全长1,800多公里，北起中国云南省昆明市，南到泰国首都曼谷，在两地实现“朝发夕至”，客运时间20小时左右，途径玉溪、思茅、西双版纳进入老挝境内琅南塔、波乔省，经会晒进入泰国清孔，最后抵达泰国曼谷。昆曼高速公路的通车实现了南北走廊的全线贯通。这样，作为内陆国的老挝的各种产品可以迅速运抵出海口。

近年来，老挝铁路建设也取得了较大的发展。从老泰友谊大桥到万象市塔那亮的老挝历史上首条铁路于2007年1月19日正式奠基。这条铁路是新加坡—昆明泛亚铁路网的重要组成部分，对改善老挝交通以及促进老挝与周边国家的贸易具有重要意义。2008年，老挝政府规划在全国建设铁路网来支持矿业开发和大吨位货物的运输，规划中的铁路网总长度为2,500公里，总投资约130亿美元。其中南北纵向铁路从中国边境至首都万象，然后向南延伸至甘蒙、沙湾拿吉和占巴塞等省同柬埔寨相连接；东西横向铁路将连接越南、泰国等。2010年4月，老挝与中国达成协议，以建立合资公司的方式，建造一条连接中国昆明与老挝首都万象的高速铁路，未来将连接到新加坡。这条泛亚铁路中线，从昆明经万象至新加坡，总长度将达3,900公里。同年12月，老挝第六届国会第十次会议批准了从中国到老挝修建一条高速铁路的计划。中老高速铁路是由中老边境口岸磨丁，经乌多姆赛、琅勃拉邦、万荣至万象的铁路，总长421公里，其中隧道190公里、桥梁90公里，设计运行时速客运200公里/小时、货运120公里/小时。它将使老挝成为东南亚半岛地区第一个拥有高速铁路的国家。

同时，区域组织也在积极推动区域铁路网的建设。2010年8月在越南首都河内举行的大湄公河次区域（GMS）经济合作第十六次部长级会议上，通过了“湄公河铁路”计划。这项计划由亚洲开发银行制订，耗资10.9亿美元（不包括用于改良现有铁路系统的约70亿美元）。铁路网预计2025年完工，每年可载运320万名乘客和2,300万吨货物。由于湄公河全长4,880公里，发源于中国青海省，流经中国、老挝、缅甸、泰国、柬埔寨和越南等国家，再由越南胡志明市流入南海。现时除了中国和越南的铁路外，六国暂无较长铁路相连。因此，该纵贯中南半岛的跨国铁路的修建意义重大。一旦建成投入使用，将成为一条重要的国际通道。它的修建，将有利于加强东南亚各国的物资交流，有助湄公河沿岸各国发展“经济走廊”，加快湄公河流域的开发，并可加强中国西南部各省市与东南亚国家的联系，成为一条便捷的“黄金走廊”，同时实现东盟内部市场之间及中国大西南与大东盟两大市场的对接。

水路交通：水运是老挝的传统运输方式。一方面，作为内陆国家，老挝没有自己的海港，只能租用泰国和越南的海港码头，运输进出口货物。另一方面，纵横密布的河网为老挝内河航运提供了天然的优势。目前，水路运输里程3,000多公里，水路运输量占总运输量的18%左右。老挝全国有20多条流程200公里以上的河流，其中最大的是纵贯全境的湄公河，流经老挝境内全长1,877公里，主要支流有南塔河、南乌江、南俄河、南吞河、宾非河、色公河、宾汉河、色顿河、南卡定河、南坎河等13条。但由于长期以来未经疏通和整修，基本上靠自然河道，一些河道狭窄弯曲，多险滩暗礁，通行困难；一些河道受降水影响明显，旱季难以通船。湄公河上游会晒以上河段基本可实现150吨船只全年通行，雨季可通行300吨船只。中国政府出资援助整治了老挝北部难以通航的河段，载重200吨左右的船只已能顺着湄公河到达中国澜沧江的关累港。

航空运输：老挝政府历来都很重视发展航空运输。历史上，法、美新老殖民主义者为军事目的修建了40多个机场，但设施较为简陋。老挝人民民主共和国成立以后，政府对其中一些机场进行了整修和改建，并组建了老挝航空公司。老挝航空公司是老挝国有的航空公司，于1976年起开始以Lao Aviation为名营业，于2003年初正式更名为Lao Airlines。目前，空运运输量占总运输量的2%左右。老航共有民航机场11个，北部9个，南部2个。8架飞机投入运营，分别为4架MA60、2架ATR72/200

和2009年投入使用的2架ATR72/500，已开通8个省市的国内航线，即：琅勃拉邦、川圹、乌多姆赛、南塔、会晒、沙湾拿吉、占巴塞和万象市，以及8条国际航线：万象—昆明、万象—曼谷、万象—清迈、万象—河内、万象—胡志明市、万象—金边、万象—暹粒、琅勃拉邦—景洪。客运量为41.5万人次，货运量为600吨。万象瓦岱机场、琅勃拉邦机场和占巴塞机场为国际机场。另外，为满足大型客机起降需求，老挝琅勃拉邦新机场已于2010年初开工建设，项目投资8,400万美元，工期3年。新机场将配备2,800米长、45米宽的跑道，可起降波音737和空客320客机。

三、通信

近年来，老挝电信业务快速增长。目前，老挝共有五家运营商，分别为LTC（老挝电信）、ETL、LAT、MLL（Millicom）和SkyTel。在固定电话业务上，到目前为止，老挝的固定电话业务已经完全开放，现在共有固定电话运营商三家，分别为LTC、ETL以及LAT。在移动通信方面，老挝的主要移动运营商有LTC、ETL和MLL三家。老挝的移动用户数1992年仅有290户，1997年增加到了5,030户。自从那时起，老挝移动用户数明显增加，截至2005年底的移动用户总数已经超过59万。老挝的GSM网络主要应用于万象市和其他五个省市，其中80%的GSM移动用户集中在万象市。随着移动用户的增多，固定电话数量开始出现负增长。截至2005年，老挝共有固定电话线路91,340条，为三家运营商共同提供。在互联网服务方面，老挝的相关业务主要由两家基础运营商提供——LAT和ETL。其中，ETL占据38%的市场份额。此外还有五家互联网服务提供商，他们分别从LAT和ETL租用网络。截至2006年9月，老挝共有互联网用户25,000户，普及率为0.4%。[①]

第二节　中国企业投资老挝的机遇与存在的问题

随着2010年1月1日中国—东盟自贸区的正式启动，中国与东盟各国之间的经贸往来更为密切。老挝作为东盟的一员，近年来与中国的贸易额也是逐步提升，投资合作日益频繁。老挝在参与中国—东盟自贸区建设中，从法律文件、开放政策、合作机制到基础建设方面作出了积极努力，取得了明显成效。最新资料显示，中资企业目前在老挝投资了12个领域，投资金额从2009年的2.47亿美元增长到2010年的5.56亿美元。2010年7月，根据老挝《万象时报》的报道，中国首次取代泰国成为对老最大投资国。可以预见，在今后的日子里，中老之间的经贸合作将更加紧密。当然，这并不说明中国企业投资老挝之路都会一帆风顺。为此，本节将就投资老挝的机遇与风险两方面来做简要的介绍。

一、中国企业投资老挝的机遇

（一）政治环境

首先，老挝国内政治环境良好。老挝人民革命党是老挝唯一的执政党，中央对国家政局控制力较强，掌握国家的核心权力和行政机关。同时，经过建国以来的发展，老挝已建立了良好的内部环境，政治稳定、社会安宁、人民友好，国内没有民

①http://www.enet.com.cn/article/2007/0612/A20070612658086_3.shtml，张珊珊：《透视老挝电信市场》2007年6月。

族、宗教、政党、反叛武装的斗争和冲突，与周边国家也少有边界冲突问题，政府政策连续性强，犯罪率低。其次，中老关系的持续友好发展也为投资老挝奠定了良好的政治基础。随着“走出去”战略不断深入及2009年中老关系进一步提升为“全面战略合作伙伴关系”，两国政治互信不断增强，经贸合作呈现跨越式发展，为中资机构投资老挝营造了良好的外部环境。

（二）政策环境

老挝政府为尽快实现减贫脱贫和现代化、工业化的远景目标，于2009年正式对外提出“资源变资金战略”，在实施“资源变资金战略”中，老挝政府首选与中国政府开展合作，给中国企业带来重要发展与合作先机。目前，中国在老企业对钾盐矿、铁矿、铝土矿初步探明的储量比较乐观，获批橡胶、水稻、甘蔗、木薯和造纸工业林等农林种植加工土地数万公顷。[①]此外，老挝政府正实施“湄公河次区域过境服务中心”战略，将重点发展交通路网如南北、东西铁路和南北、东西高速路等，并明确表示将强化与中国的经贸合作重心地位，把中国视为最主要的外援、外资来源国和出口市场。

同时，由于老挝是世界上最不发达的国家之一，国际社会对其有许多优惠政策，出口商品一般不会受到反倾销、配额和贸易壁垒等限制，因而，将中国一些经常受到其他国家限制的产品分流到老挝加工出口，将可以减轻反倾销和贸易壁垒的压力。

（三）国际环境

老挝对外奉行和平、独立和与各国友好的外交政策，主张在和平共处五项原则基础上同世界各国发展友好关系，重视发

①中国驻老挝经商处网站。

展同周边国家关系，改善和发展同西方国家关系，营造了良好的国家环境。区域组织为老挝的发展注入了新的活力，如东盟和大湄公河次区域经济合作机制。老挝于1997年加入东盟，为其经济发展提供了良好的区域优势；同时，老挝位于湄公河流域地区的中心，是区域内各国必经的交通要道，战略优势明显。

（四）中国企业声誉的积累

一批中资企业较早进入了老挝市场，凭借其先进的技术、设备、管理经验以及成本优势，赢得了良好的声誉，不仅在老挝市场上为自己打造了一方天地，同时也赢得了老挝政府和人民对中资企业的信赖和支持，为后来投资者铺平了道路。如工程承包方面，广东水电三局、云南建工集团、中水电建设集团等中资机构不仅出色完成了中国政府和企业对老援助和投资项目的承包工程，还承揽了包括世行、亚行等国际组织，以及日本、韩国、马来西亚和泰国向老挝政府提供的援助项目，逐步成为老挝工程承包市场上的主角。由中国企业承建的东珍五星级酒店、万象市2号公路、南梦3号水电站等项目已成为老挝的样板工程，不仅为老挝经济社会发展带来了利益，也为中国企业树立了良好的形象，这将为中国企业加入老挝经济发展的浪潮开创更广阔的空间。

同时，据老挝外交部第6502号令批准，老挝中国企业商会于2005年11月16日在首都万象正式登记注册，为协调与服务中国企业在老投资、树立中国企业在老形象建立了平台。

二、中国企业投资老挝存在的问题

（一）基础设施问题

近年来老挝政府不断加大建设基础设施的力度，区域组织和国际组织也给予了大量的援助，老挝基础设施建设已取得了较为明显的成绩。但是，总体上而言，老挝基础设施依然较差，运输能力低，水电虽丰富，但电网建设跟不上，全国仍有很多地方不通电，燃煤严重缺乏。因此，老挝政府要求企业自行解决投资项目所需的通水、通电、通路的“三通”问题，并附加帮助地方“脱贫致富”任务，这给企业带来了很大成本压力。

（二）劳动力问题

与东南亚其他国家相比，老挝劳动力成本价较低（约为泰国的1/3），但这些劳动力文化程度较低，缺乏专业劳动技能，并不符合企业实际需求。据统计，老挝全国有知识、有技术、守纪律的从业人员仅约10万人，全国100多所职业学校每年仅培养约1.4万名技术工人。因此，企业对招来的员工需从基础知识开始培训，承担起职业技术学校的职能。加上很多老挝劳工缺乏吃苦精神、工作节奏慢、效率低、纪律和法律意识淡薄、稳定性差，闹情绪和跳槽现象严重，企业难以从制度和按工作进度对工人进行管理，需重复招聘和培训，造成企业用工成本过高。而引进外劳又面临审批程序复杂，人数受《老挝外籍劳务管理办法》中“外国投资者使用外籍劳务，体力劳动者不能超过本企业职工人数的10%、脑力劳动者不超过20%”的限制。比如中国在老挝投资的橡胶、水稻、造纸工业林等农林项目和水电、矿产项目均需大量稳定的劳动力，劳动力问题已然成为项目实施的重大障碍。

（三）金融方面的问题

企业项目融资较难。老挝本国银行存根有限，放贷能力不足，中国国内银行对境外项目放贷审批程序较多，企业难以获得老挝本地银行和中国国内银行信贷支持。

汇兑限制和金融风险。根据有关规定，外国投资者可以汇出利润，但必须得到老挝国家银行批准。这一审批过程等待时间长，不透明和不确定性较多。老挝外汇储备较少，对外支付能力有限，银行资本金不足，金融体制相对脆弱。因此，企业对老挝出口商品存在对方延期支付货款的风险。①

（四）法律执行问题

近年来随着对外开放力度加大，虽然老挝各种法律都在修改完善之中，但执行中有法不依、执法不严的问题依然较为严重，行政管理机关存在着官僚主义作风和裙带宗族关系，机构臃肿、办事拖拉、效率低下。政府官员中存在着以权谋私，贪污腐化现象。另外，一些非制度性因素和非政府行为影响了投资效率和企业公平竞争。

（五）商业信息获取渠道问题

虽然老挝政府网络近年来取得了较大发展，但是数据汇总和资料更新依然相对滞后甚至缺失，致使投资者难以便捷及时地获取所需信息。

（六）舆论影响问题

随着中老政治经贸关系进一步密切，两国人员往来迅速增多，中国进入老挝务工和经商人员鱼龙混杂，因此，在中国大企业投资积累了良好声誉的同时，一些企业素质较低的行为已经引起了老挝部分民众不满情绪。同时，一些不友好国家和人士借机造势，宣扬“中国移民论”、“中国环境破坏论”等不良社会舆论，给中国形象和部分项目实施带来了负面影响和阻碍。

---

①商务部网站：《投资老挝注意事项》，2010年。

第三节　投资老挝的行业及投资操作方法

为了方便投资者进一步考察赴老挝投资的可行性，本节将介绍老挝政府鼓励和限制外商投资的行业。同时，介绍老挝2011年实施的《投资促进法》中关于投资审批及后续事宜的说明。

一、投资老挝的行业和领域

（一）老挝政府鼓励投资的行业和领域

老挝实行全方位引进外资政策，根据法律规定，外国投资者可投资的领域涉及各个方面。2002年12月老挝政府根据国会字第94/03号经营法（1994年）、第94/04号税法（1994年）的规定颁布《老挝出口与进口管理令》（总理字第205号），其第三条、第五条规定：除对管制商品进行管制措施外，鼓励出口、规范管理进口、鼓励与外国贸易交往，逐步融入国际贸易体系。[①]2004年修订版《老挝人民民主共和国促进和管理外国在老挝投资法》第二条规定：外国投资者可以在各经济领域进行生产性和贸易性投资，如农林业、加工制造业、能源矿产业、手工业、交通通信业、建筑业、旅游业、商业、服务业及其他行业。《外国在老挝投资法实施细则》中重申了投资领域和项目可以涉及农林业、种植和加工业、畜牧业、养殖业及其产品的加工、水利建设、其他产业、为农林服务和生产加工农林产品的机器、设备、车辆、工具等的制造业、交通运输和建筑业、服务业和旅游业等行业。2009年修订版《老挝投资促进法》第四条规定：老挝政府鼓励投资者在老挝全国范围内投资

①漆思剑，蒋红彬：《老挝外国投资法研究》，载《河北法学》，2009年第10期。

经营各种行业、各个项目，但危及到老挝的社会治安的稳定、对现在和将来的环境造成严重破坏、危害人民的身体健康和破坏老挝优良文化传统等的经营活动除外。

2009—2010年，为实现“七五”期间年均经济增长8%和在2020年摆脱最不发达国家状态的目标，老挝政府制定了21个重点项目领域。涵盖铁路、高等级公路、机场、跨湄公河大桥、水路运输、绿色旅游城市、办公大楼、高压电网、水电开发、矿产开发、农村水利、农田灌溉、工业林种植、加工工业、景点开发、信息通讯技术、教育、卫生、地理信息及灾害预警等，并继续坚持吸引外资的政策。目前，老挝政府鼓励外国企业在电力开发、农林商品生产和加工、养殖业、加工业、手工业、矿产业和服务业等领域投资。老挝政府重点扶持三个产业：大米、谷类和食品生产，国内替代进口的日用品生产，出口商品生产。

（二）老挝限制外资投资的行业[①]

老挝政府禁止投资的行业包括：各种武器的生产和销售；各种毒品的种植、加工及销售；兴奋剂的生产及销售；腐蚀、破坏良好民族风俗习惯的文化用品的生产及销售；对人类和环境有危害的化学品和工业废料的生产及销售；色情服务业；为外国人提供导游。

为维护国家安全、社会经济和环境而进行专控的行业包括：石油、能源、自来水；邮电和交通；原木及木材制品；矿藏及矿产；化学品；粮食；药品；食用酒；烟草；建材；交通工具；文化制品；教育；贵重金属。

专为老挝公民保留的职业为：（1）手工业部门：制陶；

①米良主编：《老挝人民民主共和国经济贸易法律指南》，北京：中国法制出版社，2006年，第80~81页。

金银；铜及其制品的打制；手工织布和编纺刺绣；工厂的织布；缝纫工作，竹篾、藤凉席的制作；佛像、木雕、玩具的制作；棉或木棉服装和被褥的制作；铁匠、电焊工。（2）金融部门：金、银、铜及其有价物品的销售。（3）商业部门：活动和固定零售；成品油零售。（4）财政部门：财务监督或提供财务服务工作。（5）教育部门：为外国人教授老挝语。（6）文化部门：老挝传统乐器的制作；手工字母排版；各种广告牌的设计和制作；各种场所的装修。（7）旅游部门：导游和导游的分配。（8）交通、运输、邮电和建设部门：各种运输车辆的驾驶；建筑行业各种载重汽车的驾驶；铲土机、平地机、打捞机、挖土机的操作；各种信件、报纸、文件的发送；密码工作；汽车美容。（9）劳动和社会服务部门：普通工人、清洁工、保安，为外国人提供家政服务，美容、烫发和理发，文书和秘书工作。（10）食品部门：米线制品的生产。

二、投资老挝的操作方法

当投资者决定去老挝投资后，应事先对具体的操作方法有一个全面清晰的了解，才能提高投资效率，抢占市场先机。具体的操作涉及到中国驻老使馆、中国驻老经商处以及老挝政府和地方的相关部门。

中国驻老挝使馆经商处的有关规定[①]

为规范中资企业到老挝投资的行为，营造公平、有序的竞争环境，提高中资企业投资效益，根据商务部2004年第16号令和商务部、外交部商合发〔2004〕668号文件精神，本着“谁投资、谁决策、谁收益、谁承担风险”的原则，特制定本规定：

①中国驻老挝经商处网站：《关于中资企业到老挝投资开办企业有关事项的规定》，2005年3月30日发布。

一、我国企业来老挝投资开办企业须事先征求驻老使馆经商处的意见，对国内企业境外投资涉及下列情形的不予核准：危害国家主权、安全和社会公共利益的；违反国家法律法规和政策的；可能导致中国政府违反所缔结的国际协定的；涉及我国禁止出口的技术和货物的；违反老挝的法律法规或与风俗相悖的；从事跨国犯罪活动的。

二、驻老挝使馆经商处受理和回复下列征求意见函：地方企业须由省级商务主管部门发出的征求意见函；中央企业可直接发出征求意见函；尚未与主管部门脱钩的企业由其主管部门发出的征求意见函；商务部（合作司）在必要时发出的征求意见函。我驻老挝使馆经商处自收到符合规定的征求意见函起原则上5个工作日内予以书面回复。如征求意见函涉及可能影响双边关系的重大境外投资，经商处须报请驻老使馆后再行回复。

三、驻老使馆经商处在接待企业或公司人员来访时，主要从老挝投资环境、政策法规、安全状况、与我国的政治经济关系、我境外投资导向政策、合理布局和企业合法权益保障等方面提出意见和建议，投资项目由企业自行决定。

四、中国企业到老挝投资开办企业在经济上、技术上是否可行，由企业自行负责。驻老挝使馆经商处支持和鼓励有比较优势的各种所有制企业来老挝投资开办企业。

五、拟在老挝从事矿产资源勘查、勘探、开采、加工等经济活动的，需在准备阶段向商务部和国土资源部办理备案手续。在向老挝矿产资源部门提出项目申请前，须征求中国驻老使馆经商处的意见。在经商处回复征求意见时，有关企业或公司须出具《境外矿产资源开发项目备案回执》、发改委有关批文及企业相应行业资信证明材料。经商处将根据老挝投资主管部门的要求及时提供有关资质证明。

六、经批准开办的境外企业在老挝注册后，应将注册文件报商务部备案，并到我驻老使馆经商处报到登记。

七、若出现两家或多家中国公司同时申报同一个项目（特别是申报矿点），以到经商处报到登记的时间为准，驻老使馆经商处将支持到经商处报到登记早的企业或公司，并视情给予必要协商和协调。

八、到老挝投资办企业，须严格遵守老挝的法律法规，尊重老挝的风俗习惯，依法开展经营活动；严禁擅自接触老挝政府高级官员，对外随意承诺，以免造成“倒压”给国内主管部门和使馆工作带来被动。有关公司不得从事非法中介炒作项目的活动，不得有诈骗行为，以免有损中国企业的形象。

（一）老挝外国投资管理机构及职能

投资管理机构主要是由以下部门组成：1.计划与投资部及其下属单位；2.工贸部及其下属单位；3.特别经济区管理委员会。

（二）老挝外资投资的相关程序

为了提高工作效率，进一步突出了“一站式”服务的方式，2009年修订版《投资促进法》强调“以一站式服务窗口的方式保证投资便利化、快捷化，提高透明度，保证公平公正，并对“一站式”服务窗口的工作机制和工作原则等作了具体的规定。新投资法将投资分成了四种类型，对每种类型的投资申请程序作了详细的说明。

——普通经营的投资申请

对不在《限制进口商品单（Negative List）》列表内的普通经营的投资申请批复，自收到投资者的申请表之日算起，不得超过10个工作日；对《限制进口商品单（Negative List）》列表内的普通经营的投资申请批复，自投资者递交申请表之日算起，不得超过30个工作日；对现有企业进行扩大生产的投资申请，只需根据相关的规定递交必要的材料，批复时间比投资成立新企业少。

——特许经营的投资申请

计划与投资部门按照下列程序对特许经营投资申请进行审批：研究并决定投资原则；投资者根据有关的规定填写申请表格，并准备相关的材料，包括可行性报告、环境评估报告、直接用于生产、并需要申请免税进口的各种运载工具、设备、原料等清单等；计划与投资部和其他相关的部门负责谈判事宜，并起草项目合同；把项目谈判结果递交一站式窗口办公室主持的会议进行审议；把审议结果报老挝中央政府或当地政府审批后，通知投资者根据项目的种类和规模交存项目履约保证金。履约保证金须登记入国库账目，在项目进行到第一阶段归还投资者。

中央政府或当地政府批准后，计划与投资部门依照相关规定给投资者签发投资许可证。特许经营许可证由计划与投资部与地方计划与投资厅（局）分别向自己负责范围内的投资者签发。

在获得特许经营证后，投资者可进行经营活动，并且必须在90天之内进行。如果超过规定时间，投资者还未进行经营活动，计划与投资部门将以书面通知形式予以提醒。之后的60天，投资者仍然不进行经营活动，该特许经营将被取消，投资者的履约保证金不予以归还。

——需要引资的项目投资

项目投资或引资由工贸部或计划与投资部及时直接审批。各有关部门根据自身的战略发展需要和发展规划，主动设立项目以招商引资，报计划与投资部门审议之后，报中央政府或省（首都）政府审批；中央政府或省（首都）政府批准项目后，将通报给各有关部门、计划与投资部及工贸部的投资一站式服务窗口办公室、各国驻老挝使馆、领事馆及商务代表以进行国内外的招商引资；对在招商引资列表中的特许经营项目的审批，必须在收到申请之日起，不超过45个工作日。

——经济特区投资

有意投资设立经济特区的投资者可向老挝工贸部递交申请，经审核后报老挝政府审批。对投资设立经济特区的审批按照特许经营批复程序审批。除开发商之外的其他投资者，如有意到经济特区投资，需向经济特区管理委员会投资一站式服务窗口递交申请以便按照有关规定进行审核。

第四节 投资老挝的注意事项

近年来，老挝不断修订完善投资法、税法等多项法律，进一步规范市场，深入推动革新开放，同时区域组织的建立和日益成熟也进一步优化了老挝的投资环境，因此，众多外国企业纷纷前往老挝投资创业。笔者谨综合中国驻老挝经商处的意见及老挝中资机构的经验，向计划赴老投资的中国企业提出一些建议。

一、项目投资方面[①]

（一）投资前

——选准项目。选项目关键在于“准”字，也就是说有实力的企业能够得到自己有优势的项目。这个看似简单的问题在老并没有解决好。一些有实力的企业得不到项目，得到项目的

①参考http://www.texindex.com.cn/Articles/2007-7-17/98386.html，中国驻老挝经济商务参赞徐延春：《中国企业赴老挝投资注意事项》，2007年。

企业没有能力实施，大型企业申请项目经常会受到中小企业的干扰。投资项目不少，但效益并不高。例如比较热门的矿业，中国企业进入最早，数量众多，但获得勘探权的并不多，获得开采权和开始生产的更是屈指可数。由于国内资源短缺，赴老挝开发矿业的企业仍呈上升趋势。但事实上老挝并非遍地皆矿藏，地质勘探程度低，储藏量查清尚待时日。据专家反映，一些地区有不少“鸡窝矿”，可以说这是一个高风险领域，不是每个企业都可进入的，千军万马都走这座独木桥并非明智的选择。企业应该根据其优势在其他领域中找到适合自身发展的项目。

——全面客观了解老挝的优惠政策。老挝政府公布的外商投资优惠政策对不同行业、不同地区、不同贡献的企业有不同的标准，要全面、客观了解优惠政策申报条件、时限等，做好可研调查，规避政策风险。例如：进入经济特区、工业园区的投资企业，虽然可享受保税、免税的政策，但企业要自行解决“三通一平”等基础设施的建设投入，因而需要统筹评估利弊关系。

——了解土地使用权。老挝土地属国家所有，个人拥有土地使用权。近年来，老政府把土地和山林转给个人使用和经营，来老挝来开发农林项目或办厂办企业，必须弄清土地使用权的所有者是国家还是个人，如土地使用权属国家所有，审批给投资者租赁的权力统归投资委；如土地使用权属个人，可直接与之商谈。①

——客观评估投资环境。在老挝开展投资，要特别注意事前调查、分析、评估相关风险，事中做好风险规避和管理工作，切实保障自身利益。包括对项目或贸易客户及相关方的资信调查和评估，对投资或承包工程国家的政治风险和商业风险

①中国商务部：《在老挝投资办厂注意事项》，2004年。

分析和规避，对项目本身实施的可行性分析等。建议相关企业积极利用保险、担保、银行等保险金融机构和其他专业风险管理机构的相关业务保障自身利益。包括贸易、投资、承包工程和劳务类信用保险、财产保险、人身安全保险等，银行的保理业务，各类担保业务（政府担保、商业担保、保函）等。也可使用中国政策性保险机构——中国出口信用保险公司提供的包括政治风险、商业风险在内的信用风险保障产品；还可使用中国进出口银行等政策性银行提供的商业担保服务。另外，应科学核算投资成本。在项目投资中，需考虑建设成本、融资成本和用工成本等。

——严守法律法规。老挝政府对投资审批有严格的程序，上文已作详细介绍，在此不赘述。目前虽然老挝政府已经为外国投资者开设了“一站式”服务，但在实际运作中仍存在内部程序多、时间长的问题，因此老挝出现了不少中介人和中介公司，其中还有一些中国公民参与其间。可以说，中介是一把双刃剑，可能是成功的动力，也可能是失败的陷阱，与其合作应该慎之又慎。实际上，老挝政府对外国投资者没有任何限制，原则上是鼓励外商投资的，申报手续也相对简便，重要的是投资者的经济状况、实力和经验。老挝政府不希望外商私下与中介机构合作，但现在有的中介机构针对中国投资者不熟悉老挝投资环境的弱点，声称通过中介机构就能在老挝注册开矿，以从中牟利；而我国有些投资者病急乱投医，不到中国驻老使馆经商参处咨询了解情况，反而偏听偏信，结果上当受骗，有的造成较大的经济损失。近年来，老挝政府致力于用法规规范市场，企业应该在付诸投资实践前，熟悉老挝最新的相关法律法规。

同时，在同老政府签订投资协议中，老方承诺的优惠政策应有法律作依据，否则在执行中仍可能会出现争议。

（二）投资后

——务实推进项目。中国企业在老挝开发投资市场过程中应少说多做或只做不说，踏实肯干，开拓进取。具体来说应注意以下几点：第一，对项目不过分宣传，不炒作，这样可以避免增大前期开发成本；第二，综合性项目，应分批分类规划，并按规划要求及时分布实施，否则给人以纸上谈兵的印象；第三，产业转移不能急功近利。应根据原产地规划要求，上中下游企业立体进入。例如我国产能过剩的纺织业转移一部分来老比较理想，但前提是要解决棉花和纺纱问题。中国企业可统一规划，分步实施。有的利用大量空闲土地种植棉花，有的专司纺纱，有的加工服装。只要规划合理，花几年时间实现目标不是没有可能的。

——稳步追求效益。老挝投资环境虽有待完善，但仍有良好的发展潜能，在中国—东盟自贸区内也有其重要的地位。中国企业以此作为基础开拓自身的发展空间比较理想。追求效益是企业生存和发展的原动力，但在老挝追求短期暴利很不现实。因此，企业在追求自身效益的同时还要关注所在地区的社会效益，不仅要了解企业自身发展的相关成本，而且要了解其他非项目开支，把这多种因素结合起来考虑，使企业真正融入当地社会发展之中，才能得到实实在在的利益并且能够长足发展。

二、人身和钱财安全方面[①]

投资者在关注与投资项目相关的具体事宜时，也应重视自身以及员工的人身和钱财安全，建议注意以下方面：

---

①参考http://www.gxfao.gov.cn/gxfaohtml/tzzn/091204720.html，广西壮族自治区外事办公室编：《东盟十国投资指南之三（老挝篇）》。

——老挝民风淳朴，人民性情温和，国内治安状况总体良好，但近几年来，随着其开放程度逐渐扩大，不良现象也偶有发生。如2009年，老挝发生过针对外国企业从银行取钱的抢劫案事件，中国企业也遭歹徒抢劫。因此，中国在老挝的企业和投资者应增强安全意识，取钱时务必提高警惕，如遇到紧急情况应及时报警，必要时与中国驻老使馆联系求助。

——老挝大多数民众信仰佛教，投资者须尊重佛教信仰和生活习惯；另外，老挝民族众多，许多山区民族还保留着传统的文化习俗，投资者应该充分尊重当地文化，不介入当地矛盾，以免引起不必要的麻烦。

——老挝属热带和亚热带季风型气候，气温终年湿热，常见病主要有痢疾、肝炎，每年公历5—10月为雨季，天气湿热，为老挝登革热和疟疾（通过蚊子传染）等传染病的高发期。因此建议赴老挝投资经商者携带防蚊用品和常用药。另外，由于老挝医疗条件较落后，如果不幸感染以上疾病，视情况可考虑回国治疗。

——安全教育与应急措施结合。对员工进行安全教育，强化安全意识；设专人负责安全生产和日常的安全保卫工作；投入必要的经费购置安全设备，给员工买保险等。若遇到突发自然灾害或人为事件发生，应及时启动应急预案，争取将损失控制在最小范围；若遇到火灾或人员受伤，应及时拨打当地火警和救护电话，并立即上报中国驻当地使馆和企业在国内的总部。

中国驻老挝大使馆

地址：Wat Nak Road，Sisattanak，Vientiane，Lao P.D.R.

电话：00856-21-315100

传真：00856-21-315104

中国驻老挝大使馆经商处

地址：237 Unit 4，Thaphalanxay Village，Sisattanak District，Vientiane，Lao P.D.R.

电话：00856-21-353459/60/61/62

传真：00856-21-353463

第六章
中老关系

本章导读

☆中国与老挝山水相连，唇齿相依，两国人民自古以来结下了深厚的友谊，历史上和睦相处，从未有过兵戎相见；战争时期互帮互助，革命情谊流芳千古；1961年4月25日，中国与老挝正式建立外交关系，两国关系进入了一个新阶段。自此，从传统友好和全面合作关系，到“好邻居、好朋友、好同志和好伙伴”的“四好关系”，再到全面战略合作伙伴关系，中老关系不断取得跨越式的进展。近年来，两国政治合作日益深入，经贸交往不断增长，人文交流逐渐扩大，可以说，中老关系正处于历史上最好的时期。2011年，中老关系更是迎来了建交50周年的历史性时刻，两国政府的高度重视和两国人民的热烈庆祝，再次证明了两国传统友好关系的强大生命力。我们有理由相信，中老两国关系必将走向一个更美好的明天！

第一节 中老关系历史

自20世纪50年代，老挝开展反殖反帝、争取民族独立斗争开始，中老关系在发展过程中，虽出现过停滞甚至倒退，但总体趋势是日益良好的。

一、同志加战友般的兄弟情谊（20世纪50年代—1978年）

经过多年的反殖反帝、争取民族独立斗争，老挝摆脱了法国的殖民统治，实现了民族独立，并于1961年4月25日正式与中国建立外交关系。在中国和越南共产党的帮助下，通过艰苦斗争，老挝人民革命党实现在全国范围内的夺权，于1975年12月2日建立老挝人民民主共和国。因为中老两国有着同样的共产主义理想，再加上两国在枪林弹雨的斗争中结下的深厚友谊，这个时期的中老关系可以说是同志加战友般的兄弟情谊。这一时期两国密切的关系主要表现在以下几个方面：

（一）中国支持老挝实现独立和中立

1954年在关于解决印度支那和平问题的日内瓦会议上，周恩来总理代表中国政府表示要求一切外国军队撤出老挝和柬埔寨，其中包括可能进入这两个国家的越南志愿人员；在老挝和柬埔寨境内敌对行动和其引发的反抗行动均停止后，不需从境外运入任何新的部队、人员及武器弹药。中国政府的这一立场得到老挝、柬埔寨和法国三方的赞同。

1954年日内瓦会议后，法国军队和越南志愿人员刚刚按要求撤离老挝，美国就鼓动老挝内部亲美势力推翻了富马政府，引发老挝内战。1960年8月富马内阁重新执政，同时亲美势力在美国的支持下向万象发动新的进攻。1960年11月，中国政府发表声明，支持老挝王国政府的和平中立立场，反对任何势力干涉老挝内政。

在1961年关于老挝问题的日内瓦会议上，中国政府代表团团长、时任外长陈毅阐述了中方关于解决老挝问题的五项原则，即必须以1954年日内瓦会议决议为基础；必须尊重老挝的独立和主权；必须切实保证老挝的中立；必须严格区分老挝问题的国内方面和国际方面；所有与会国家必须参加并切实遵守共同协议。

1962年7月，在关于老挝问题的第二次日内瓦会议上，中方坚决反对美国对老挝的侵略，坚决支持老挝爱国力量为争取老挝独立、中立方面进行的正义斗争，迫使美国代表团在《关于老挝中立的宣言》和《关于老挝中立的议定书》上签字。

对中国在上述三次会议中的坚定立场和积极作用，老挝认为："中华人民共和国在1954和1961—1962年两次日内瓦会议中为维护老挝的和平、独立和中立作出了重要贡献。"

（二）中老两国正式建交

1956年8月，应中国政府的邀请，时任老挝王国政府首相富马率团访华。随后，周恩来总理与富马首相在北京发表联合声明，表示"两国政府遵守和平共处五项原则，发展两国之间的睦邻关系，两国政府同意发展双方的经济和文化关系，以符合两国人民的最大利益"。1961年4月25日，中国政府与老挝王国政府正式建立了外交关系。两国关系进入了一个新阶段。

（三）中国坚定支持老挝反殖反帝斗争，支持左派建立老挝人民民主共和国

在长期的反殖反帝斗争和建立人民民主共和国的过程中，中国给予老挝巨大的精神和物质援助。20世纪50—70年代，中国作为老挝最大的援助国之一，累计向老挝提供各类援助达11.89亿美元。

中国人民在自己国家尚缺衣少粮的情况下，勒紧裤腰带也要援助老挝人民。中方在对外军援项目中把老挝定位为“一类被援国家”，援助了很多甚至中国军队自己都尚未配置的先进装备。中方派出数以万计的工程技术人员和各领域专家在老挝北部地区为老挝修建了八条总长830公里的全天候公路，促进了老挝北部地区的经济发展和各省间的联系。1963年底，老挝人民党（1972年改为现用名称“老挝人民革命党”）总书记凯山·丰威汉一行到北京通报情况时，请求中国共产党对老挝抗美救国战争和根据地建设给予帮助。中国共产党从国际主义立场出发，答应了老方的请求，决定派出工作组赴老。1963年底，经过中国人民总参谋部的研究推荐，周恩来总理批准段苏权将军为组长，率中共中央工作组团赴老挝桑怒开展援助工作。段苏权和工作组的同志们深入到桑怒和川圹的农村进行了大量细致的调查研究，访贫问苦，同吃同住，宣传革命道理，介绍中国革命经验，圆满完成使命。

在援老工作中，大量的中国援老人员为了老挝人民的解放事业流汗、流血甚至牺牲了宝贵的生命。他们让老挝人民深信中国是老挝反殖反帝解放斗争的坚强后盾和可靠后方，他们为中老友好关系立下的不朽功勋将永远为两国人民所铭记。

1975年12月，老挝人民民主共和国成立，在外交上采取了向社会主义一边倒，与中、苏、越三国等距离的外交政策。老挝人民革命党总书记凯山·丰威汉分别于1976年3月和1977年6月两次对中国进行国事访问，推动同中国友好关系的发展。

二、波折（1978年—20世纪80年代中期）

在这一时期，老挝在苏联和越南的控制和唆使下，实行亲越、靠苏、反华政策，采取了一系列恶化同中国关系的行动，两国关系出现波折、疏远甚至敌对。

三、恢复正常化（20世纪80年代中期—1990年）

自20世纪80年代中期开始，世界形势发生重大变化，东欧剧变、苏联解体，而中国经济在实行改革开放后蓬勃发展。与此同时，老挝的经济社会建设虽然取得了不少成就，但也还存在不少困难和问题，如粮食单位面积产量低、效率差、技术落后、生产能力较低、发展不平衡等。老挝政府财政拮据，经济困难，主要依靠外援过日子的状况还没有根本改变。1985年，老挝的国民生产总值为4.89亿美元，人均135美元，对外贸易逆差巨大，经济形势不容乐观。

老挝根据世界和地区形势变化，结合自身利益需求，总结、反思并调整本国外交政策，逐步从封闭走向开放，从一边倒走向全方位，并开始调整与中国的关系。1985年12月，老挝党和国家领导人在国庆10周年大会的讲话中，不再攻击中国，而是“诚恳地感谢”中国对老挝抗美救国斗争的支持和援助，并表示“希望在和平共处五项原则基础上恢复与中国的正常关系”。1986年11月，凯山·丰威汉主席在老党“四大”指出在指导国家发展的思想上犯有脱离实际、急于求成的“左”倾错误，对经济建设和管理也缺乏经验。会上还正式提出将实行革新开放政策，同时提出“希望中老关系正常化”。对此，中国政府作出积极反应。1986年4月，时任中国外长吴学谦致电老挝外长，祝贺两国建交25周年。同年12月和次年12月，中老两国副外长相继在万象和北京举行会谈，就恢复关系、开展贸易和边民互市等问题进行磋商。两国关系开始解冻。

1988年6月，中老两国恢复互派大使。时任老挝国家代主席富米·冯维希在接受中国驻老大使递交国书时表示，过去双方的误会已成过去，双方要向前看。随后，两国边界重新开放，双方经贸代表团也实现互访。

1989年10月，老挝部长会议主席（1991年改为政府总理）、人民革命党中央总书记凯山·丰威汉率团对中国进行了国事访问。中国党和国家领导人邓小平、江泽民和李鹏分别会见了凯山。李鹏在会见中指出，凯山总书记此访将成为中老两党、两国关系恢复和发展的转折点。凯山表示，中老两党、两国关系的发展对老挝来说十分重要，相信此访将全面恢复两党两国关系。双方随后签署《中老领事条约》和《关于互免签证的协议》等四项文件。1990年12月，李鹏总理应邀对老挝进行正式访问。这是中国政府首脑首次访老。李鹏在与凯山会谈中指出，中国政府将根据平等互利的原则，继续发展与老挝的经济合作和贸易关系。凯山指出，李鹏总理此次访老标志着中老两国之间的友好关系和全面合作进入了一个新的发展阶段。

在双方共同的努力下，中老两国关系成功解冻并进入持续快速发展阶段。

四、持续快速发展（1990年至今）

进入20世纪最后一个十年，随着中老关系完全恢复，两国各级别互访不断，签订多份重要合作协议，推动两国关系快速持续发展。其中，比较重要的互访有以下几个（按时间顺序排列，截至2010年）：

（一）1991年，时任老挝总理坎代访华，两国正式签署

《边界条约》。《边界条约》及随后于1993年签署的《中老边界制度条约》标志着两国圆满解决历史遗留的边界问题，中老边界成为和平、友好、合作的边界。

（二）1992年，老挝领导人凯山访华。江泽民在会见凯山时指出，中老两国的和睦相处和友好往来，不仅有利于巩固和加强两国之间的睦邻友好关系，而且也有利于地区的和平、稳定和发展。凯山表示，中老有着传统友谊，目前老挝也在根据本国特点进行革新开放，希望更多地考察和了解中国的经验。

（三）1999年1月，时任老挝总理西沙瓦访华，朱镕基在与他会谈时指出，中老关系实现正常化的十年来，在双方的共同努力下，中老两党、两国间的传统友谊和合作关系得到全面恢复和发展。两国圆满解决了历史遗留的边界问题，在国际和地区事务中密切配合，老挝政府始终奉行“一个中国”政策，中国对此表示高度赞赏。西沙瓦高度评价了中国在当今国际和地区事务中所发挥的重要作用。他表示，近年来，中老两党、两国政府间的关系得到了全面发展，并取得了实质性成果。中国向老挝提供的援助对老挝的经济发展具有重要意义。希望加强和深化中老在各个领域的合作，建立长期稳定、相互信赖的睦邻友好关系。

（四）2000年11月，时任中国国家主席江泽民对老挝进行国事访问。这是中国国家元首首次访老，在中老关系史上具有里程碑意义。江泽民盛赞中老传统友谊，强调中方愿在和平共处五项原则基础上继续巩固和发展与老挝的睦邻友好关系，将加强经贸合作放在双边关系中更加突出的位置。老挝国家主席坎代高度评价江主席此访的重要意义，表示将继续坚定奉行“一个中国”政策，加强与中方各层次的交往，扩大双方在各领域的互利合作，在国际和地区事务中继续保持协调与配合。

访问期间，两国签署发表了《中华人民共和国与老挝人民民主共和国关于双边合作的联合声明》等6个文件，确定发展两国长期稳定、睦邻友好、彼此信赖的全面合作关系。

（五）2004年中国总理温家宝访问老挝，提出了加强中老关系的四点建议，即保持高层接触和往来，交流治国理政经验，协调在国际和地区问题上的立场；提升经贸合作水平，加强在能源、矿场资源和基础建设领域的合作；加强各领域、多层次的交流与合作；加强在地区事务中的相互支持与配合。

（六）2005年，老挝人民革命党中央政治局委员、老挝国会主席沙曼访华，强调中老两党两国是“好邻居、好朋友、好同志和好伙伴”的“四好”，发展中老关系是老挝外交的一个着力点。温家宝总理指出，中老两党两国关系全面深入发展，各领域友好合作成果显著，中国愿与老挝一起努力，将中老关系不断推向更高水平。

（七）2006年6月，老挝人民革命党中央总书记、国家主席朱马利访华。中共中央总书记、国家主席胡锦涛与朱马利高度评价中老两党两国关系，一致同意继往开来、携手努力、多做实事、深化合作，推动两党两国全面友好合作关系迈上新台阶。

（八）2006年11月，中共中央总书记、国家主席胡锦涛访问老挝。中老两国领导人一致同意共同努力，按照长期稳定、睦邻友好、彼此信赖、全面合作的方针，推动两党两国关系不断迈上新台阶。胡锦涛表示，中国和老挝都在建设社会主义，推进改革开放，探索符合本国国情的发展道路，拥有广泛的共同战略利益。加强两党两国传统友好和全面合作，符合两国人民的根本利益，有利于本地区的和平、稳定和繁荣。中国党、政府和人民珍视中老传统友谊，高度重视发展中老关系，愿同老挝永做好邻居、好朋友、好同志、好伙伴。胡锦涛对发展两国关系提出五点建议：一、保持高层领导人每年会晤机制，就共同关心的问题交换意见，加强对双边关系发展的指导。二、加强治党治国经验交流，相互借鉴、共同提高。三、加强两国合作委员会对双边经贸合作的指导和协调，开拓新的贸易形式和渠道，力争实现新的突破，抓紧落实好商定的重点合作项目；中方将鼓励更多有实力的中国企业到老挝投资，愿继续为老挝提供力所能及的援助。四、加强两国在维护边境治安、打击跨国犯罪等方面的合作；推进青少年交往，中方将继续向老挝派遣青年志愿者；促进教育、卫生、旅游合作。五、加强在国际和地区事务中的相互支持，及时就重大国际和地区问题协调立场。密切双方在中国—东盟、联合国等多边机制中的协调和配合，维护两国的共同利益。朱马利完全赞同胡锦涛就两国关系发展提出的重要建议，表示将同中方一道努力加以落实。朱马利向胡锦涛介绍了老挝国内建设情况，表示希望不断加强同中国的经贸合作，充分发挥两国合作委员会机制的作用，探索经贸合作新方式新途径，提高合作效率，加强贸易、投资、电力、矿业、基础设施建设、旅游等领域的合作。双方还签署了经济技术、卫生、电力、电子政务等领域合作文件并举行中国国际广播电台万象调频台的开播仪式。

（九）2008年3月，中国国务院总理温家宝对老挝进行工作访问，并出席在万象举行的大湄公河次区域经济合作第三次领导人会议。在会见老挝国家主席朱马利时，温家宝表示，中国和老挝都在推进各自的改革开放，促进国民经济和社会的全面发展，需要相互学习、相互帮助、携手前进。朱马利表示，中国长期以来向老挝提供了的宝贵支持和帮助，为促进老挝经济发展发挥了积极作用。在同老挝总理波松会谈时，温家宝对进一步发展两国关系提出增进政治互信、深化经贸合作、加强人员往来等建议。他说，中方愿增加进口老挝产品，并支持有实力的中国企业到老挝发展商品生产和投资水电、矿产开发，落实好公路、桥梁、农业示范中心等重点援建项目，扩大在人员培训、科技、教育、国防等领域的合作。两国还签署了中老经济技术合作协定等双边合作文件。

（十）2009年9月，中共中央总书记、国家主席胡锦涛在人民大会堂与来华进行工作访问的老挝人民革命党中央总书记、国家主席朱马利举行会谈。双方一致同意把中老关系提升为全面战略合作伙伴关系。胡锦涛表示，进入新世纪以来，中老关系呈现全面发展的良好态势。中方愿在长期稳定、睦邻友好、彼此信赖、全面合作精神指导下，同老方携手努力，从以下四方面推进中老全面战略合作伙伴关系：

一是保持两党两国领导人经常互访的优良传统，加强双方在双边关系和彼此关切的重大问题上的沟通和协调；二是继续深化治党治国经验交流，进一步搞好干部培训合作，使这一合作更加富有成效；三是双方要按照平等互利、讲求实效、形式多样、共同发展的原则，进一步拓宽经贸合作领域，提高合作水平；四是加强两国在东盟“10+1”、东盟“10+3”、东盟地区论坛和大湄公河次区域等地区框架内的合作，共同促进本地区的和平与发展。朱马利表示，中国是老挝值得信赖的战略朋友。老挝愿进一步加强双方在重大问题上的沟通与协调，继续拓展经贸合作，积极推进双方人文交流，不断夯实两党两国关系的基础。两国还签署了中老经济技术合作协定等文件。

第二节　中老关系发展现状

从传统友好和全面合作关系，到“好邻居、好朋友、好同志和好伙伴”的“四好关系”，再到全面战略合作伙伴关系，中老关系不断取得跨越式的进展。2011年，中老关系迎来建交50周年的历史性时刻，完全可以说，中老关系正处于历史上最好的时期。

一、政治关系不断深入

政治关系上，中国和老挝因为有着相同的社会制度，相同的奋斗目标，再加上双方的共同努力，两党两国的政治关系日益紧密，中老全面战略合作伙伴关系的内涵得到不断加深。“好邻居、好朋友、好同志和好伙伴”的“四好”政治关系为两国在其他各个领域的合作打下坚实基础。

（一）高层互访不断并已形成机制

自20世纪80年代末中老两国关系恢复正常后，两国加强了政治对话，通过密集的对话推动两国战略互信，促使两国关系发展进入良性循环。中老两党两国高层领导每年都会进行互访，自两国关系正常化后，中方访老的主要领导人有（按时间顺序）李鹏、江泽民、吴邦国、温家宝、胡锦涛、贾庆林、习近平等，老方访华的主要领导人有凯山·丰威汉、坎代·西潘敦、诺哈·丰沙万、沙曼·维亚吉、本扬·沃拉吉、西沙瓦·乔本潘、朱马利·赛亚贡等。可以看到，中老两国两代领导人，从两党的总书记，到两国国家首脑、政府首脑，或是两国最高权力机构（中国全国人民代表大会和老挝国会）最高领导、统战组织（中国全国人民政治协商会议和老挝建国阵线）

最高领导都进行了互访。因此，中老两党两国的高层互访是真正的全面互访。

此外，因为两国有着共同的社会制度和奋斗目标，除了一般性的访问外，中国共产党同老挝人民革命党也定期进行交流，特别是关于党建、理政经验的互相交流和借鉴。中国共产党派代表出席了老挝人民革命党第八次全国代表大会等老党重要会议，老党中央政治局委员等高层领导也经常赴华交流。在老党第九次全国代表大会召开之前，中共中央多次派出专家组访老。2010年8月，中共中央党史研究室副主任龙新民应邀率中共专家组访问老挝，为老方做了《中国共产党新形势下加强党的建设的做法和经验》《中国应对国际金融危机的举措与成效》等专题宣讲。2010年10月，中共中央政治局委员、书记处书记、中宣部部长刘云山同志应邀率中共代表团访问老挝，并出席中国共产党与老挝人民革命党主题为“社会主义现代化建设中的重大理论和实践问题”的第一次理论研讨会，中老双方专家就加强和改进执政党建设、发展社会主义市场经济、工业化和现代化建设等问题进行了深入探讨和交流。2011年2月，中共中央政策研究室副主任方立应邀率中共专家组访问老挝，与老党九大筹委会政治文件小组就依法治国、建设社会主义法制国家和加强党内民主建设等问题进行了座谈和交流。中国共产党同老挝人民革命党的密切交流与合作，为两国政治关系增添很多亮点和动力。

（二）在地区和国际事务中，两国互相支持，相互协调，合作顺利

中老两国的外交政策有共同之处，即国家不论大小、强弱，都有权选择符合本国国情的社会制度和发展道路，任何国家都无权以任何借口干涉他国的内部事务，反对一切以人权为借口，以在人权、民主上的双重标准干涉他国内政，侵害他国正当权益。双方都认为，当前国际局势正在发生深刻变化，和平、发展与合作仍是当今世界主流，各国应共同致力于建立公平合理的国际政治经济新秩序。

以外交政策的共识为基础，两国在地区和国际舞台上一直互相支持，相互协调，合作顺利。老挝在台湾、西藏、人权等重大问题上一贯给予中国坚定支持，坚定奉行一个中国的原则，赞赏中国为促进世界和平与发展所发挥的积极作用，为在中国共产党的领导下，中国人民在建设社会主义和谐社会和小康社会的崇高事业中不断取得更大成就感到鼓舞。老挝政府一贯坚定认为，中华人民共和国政府是中国唯一合法政府，台湾是中国领土不可分割的一部分，坚决反对任何制造两个中国或“一中一台”的图谋，坚定不移地支持中国的和平统一大业，不以任何形式发展与台湾的官方联系。老挝政府指出，中国“和平统一、一国两制”的方针是完全正确的，是符合中国国情的，中国的和平统一大业一定能够得以实现。在联合国框架内，老挝反对美等西方国家提出的针对中国人权的攻击，支持中国在打击分裂势力时所做的正确选择。在中国加入世界贸易组织的过程中，老挝坚定支持中国，认为中国加入世贸组织将成为促进建立世界平等互利的经贸合作关系的一个重要因素，有利于促进地区和世界的和平与发展。中国政府同样支持老挝政府维护国家统一和和平安定方面做出的正确选择，支持老挝加入世贸组织，对老挝人民革命党领导下的老挝人民在保卫祖国、建设祖国的伟大事业中取得巨大成绩感到由衷的高兴。

近年来，随着区域性国际组织——本地区主要是东盟、东盟“10+1”、东盟“10+3”、东亚峰会、大湄公河次区域、亚欧首脑峰会——的发展，中老双方加强了在上述多边框架下的合作，为维护两国共同利益、促进本地区的和平与发展做出了积极贡献。

二、经贸合作日益密切

自1989年中老关系正常化之后，中国与老挝双边经贸关系发展迅速，双方先后签署了贸易、投资保护、旅游、汽车运输等经贸合作文件，成立了双边经贸与技术合作委员会，在进出口贸易、投资、劳务承包、经贸援助等经贸合作的各个领域都有了丰硕的成果。

（一）进出口贸易发展迅速

中老双边进出口贸易规模逐渐扩大，贸易额持续增长。中国已经成为老挝最为重要的贸易伙伴国之一。

中老进出口贸易总额在近20年来有了极大的发展。从1989年的713万美元发展到2008年的4.16亿美元，20年里增长了57倍多。随着2010年1月1日中国—东盟自贸区的正式建成，两国的经贸合作增长更为迅速。2010年，中老进出口贸易总额首次突破10亿美元。

（二）中国在老投资规模日益增大

中国公司于1990年开始赴老投资办厂，投资领域涉及建材、种植养殖、药品生产等。2006年，中方对老投资项目多达65个，投资额为3.2816亿美元，首次超过泰国和越南，成为外国在老最大投资国。截至2007年4月统计，中国累计在老投资项目达236项、涉及12个行业，总投资额为8.76亿美元。2007年，大唐电力公司等一批具有实力的中国企业开始进军老挝水电能源投资领域，与老方签订在南乌江建设梯级水电站协议，协议金额达2亿美元。在老挝政府2007年审批的198个矿产勘探项目中，中国公司占44个，其中有中铝、中色、中材和云铜等国内著名企业参与。

（三）中国在老劳务承包成绩可喜

中国企业于20世纪90年代初进入老挝工程承包市场，经过近年来的发展，一批中资企业已被老挝政府认可接受，市场占有份额和知名度明显提高，同时老挝也已逐渐发展成为中国企业重点开拓的承包工程市场之一。截至2007年底，中国企业在老挝累计签订劳务承包和设计咨询合同额22.8亿美元，累计完成营业额14.1亿美元。

目前，中国在老注册的中资工程承包公司中能够承担一些大中型道路、桥梁、水电、电信网扩容和供水项目建设的专业公司有川铁国际、中水电、上海贝尔、中水电工程、中路桥、中地、葛洲坝、河南国际等，另外的公司只能参与一些毛路、房建和灌溉等工程。近年来，中国一些个体、民营的建筑队和包工队也涌入老挝，参与一些小型工程。可以说，从小型房屋建设、毛路修建到大型的桥梁、水电等工程建设，都能看到中国工程承包人员的身影。

（四）对老经贸援助取得实效

作为双边经贸合作和外交关系中的重要一环，中国在近年来为老挝援建了很多项目，比如地面卫星电视接收站、南果河水电站及输变电工程、老挝国家文化宫、琅勃拉邦医院、昆曼公路老挝境内1/3路段、凯旋门广场公园等。1990—2006年，中国对老援助资金高达47.22亿元人民币。其中：无偿援助6.15亿，优惠贷款17.69亿，商业贷款20.384亿。此外，虽然老挝自身综合国力较弱，但在中国遭受危难的时候还是会挺身而出伸出援助之手，尽自己最大的能力帮助中国人民。比如2008年中国遭受四川汶川地震后，老挝政府立即向中国提供50万美元木材，并成立了以常务副总理宋沙瓦为组长的援助中国地震和缅甸强热带风暴灾区领导小组，召开援助动员大会，呼吁各界人士慷慨解囊，以各种方式帮助中缅灾区人民早日渡过难关、重建家园。

推动中老经贸合作取得上述巨大成果的因素主要包括以下几个方面：

（一）基本条件和天然推动因素

强互补性是经贸合作发展的基本条件和天然推动因素，只有互补性强的经贸合作才可能是健康、持续发展的经贸合作。中老经贸合作的强互补性体现在以下几个方面：

——进出口贸易方面：老挝方面，自然矿产资源丰富，经过近几年的勘探和开发，其生产已经逐步迈入大宗商品出口阶段；农林产品，比如木材、橡胶、热带水果等，产量高品质好，市场竞争力较大，而这些自然矿产资源和农林产品是中国经济发展所急需的。中国方面，工业发展水平较高，其生产的工业产品，从属于轻工业范畴的日常生活用品到重工业范畴的大型设备等都是生产能力较弱的老挝急需的。

——资源开发与基础设施建设方面：老挝矿产资源丰富，但限于自身能力，从勘探到开采都很难独立完成，而中国研究机构和企业的勘探开采能力较强，双方在矿产资源领域合作潜力很大。老挝基础设施薄弱，而且因为山地高原占到了老挝国土面积的90%，基础设施建设难度很大，而中国云、贵、川、藏等省擅长在海拔高、地形复杂的区域进行基础设施建设，在公路、铁路、航运、水电等领域都有自己的专长和优良的成绩。

——旅游观光方面：中国南部省份，特别是跟老挝接壤的云南省山色秀丽，从北部雪山到南部热带雨林，珍稀动物，奇花异卉，美丽的自然风光和浓郁的多民族风情一向对众多中外游客有极大的吸引力，然而由于交通设施落后等原因，许多想来此观光、考察和开展科学研究的中外人士难以尝其夙愿。随着交通条件的改善，云南省不但可以接待从南方入境的大批游客，而且可以将国内的旅游路线通过老挝延伸到其他东南亚国家。东南亚国家也愿意将其旅游线延伸到中国，双方在旅游事业上的互补与合作，潜力巨大。

（二）老挝经济政策的改变

老挝的经济政策以1986年11月中旬召开的老挝人民革命党第四次代表大会为转折点，从原来封闭的计划经济体制逐渐向开放的市场经济体制转型。这次大会确定进行经济体制和政治体制改革，实施“新经济机制”，调整外交政策，实行对外开放。老挝的“新经济机制”总目标是：打破国营经济的垄断，减少国家对经济的干预，容许私人经济通过市场机制参与市场自由竞争；改革分配制度，提高生产效率和工作效率；对外经济开放，积极引进外资和外国援助。1988年老挝政府颁布“外资投资法案”，1989年又颁布第27号、第28号令，设立“外资投资管理局”和“新经济机制实施监督局”，努力吸引外资和营造私营经济的发展空间。1994年4月21日老挝国会颁布的新修订的《外国投资促进法》规定，政府不干涉外资企业的事务，允许外资企业汇出所获利润；外商可在老挝建独资企业、合资企业，国家将在头五年不向外资企业征税等。2004年，老挝继续补充和完善外商投资法，放宽矿产业投资政策。2010年又进一步修订颁布了《投资促进法》。这些政策为来老挝投资的各国企业创造了一种宽松的投资环境，极大地吸引了更多的企业来老挝投资。

（三）中国自身经济文化发展迅速，对老挝的影响在加大

自改革开放以来，中国的经济发展有目共睹。随着经济

的发展，文化、制度这种“软实力”开始走出国门，对其他国家，特别是邻国产生越来越大的影响。

在老挝，中国“软实力”的影响也在日益加深，越来越多的老挝人开始主动感受、学习中国文化。笔者举两个例子：越来越多的老挝人知道了中国的春节是中国最重要的节日，并且亲自加入到春节的庆祝活动当中；老挝国立大学作为老挝最重要的高校，其中文系的学生数量在大幅度增加，2008级新生达到了100多人，同时越来越多的老挝家长开始把孩子送到华校学习汉语。

可以说，中国“软实力”的日益强大促进了老挝人民、党和政府对中国的关注和了解，也在一定程度上推动了中老经贸合作的发展。

（四）中老关系的全面深入发展

中老关系的全面深入发展为两国经贸合作打下了坚实的基础。

三、人文交流不断扩大

人文交流作为促进两国关系，特别是民众间的互相了解和加深感情的重要方式，得到了中老两国政府的重视。1989年，老挝凯山·丰威汉主席访华，与中国政府签订了《中老文化协定》。在这份协定以及中老两国签订的《中老教育合作交流计划》等其他文件的指导下，两国人文交流不断扩大，为增进两国互信，加深两国人民感情起到了重要作用。

（一）教育合作发展顺利

中老两国从1990年开始互派留学生和进修生。中方向老方提供的留学生数量从1991年的每年30名到2011年的每年300名，二十年增长了9倍。除了学历教育，每年中国还会为老挝提供大量各个领域的中短期培训，为老挝提供大量各领域发展急需的人才。据统计，自2000年以来，中国政府录取的老挝赴华留学生已达1,000余人，绝大多数都已活跃在老挝各行各业，为老挝的经济社会发展发挥了重要作用，为增进中老友好作出了积极贡献。

针对老挝日渐兴起的中文热，中国也在老大力开展汉语教学和推广。中国国家汉语国际推广领导小组办公室（国家汉办）已派若干批大学汉语教师赴老挝国立大学和万象法国学校教授中文并培养老挝本土汉语教师。中国国务院侨办也派中学教师赴老万象寮都中学、占巴塞白细公学、沙湾拿吉崇德公学和琅勃拉邦华校从事汉语教学工作。上述四家侨校不仅招收华人华侨子弟，在老华人华侨中延续中华文化，也吸引了大批老挝学生，培养了大批有汉语基础的当地学生。2009年12月，经国家汉办批准，中方合作单位广西民族大学派人员赴老与老挝国立大学合作开展老挝国立大学孔子学院的建校工作。2010年3月，老挝国立大学孔子学院举行揭牌仪式，正式宣布成立。老挝国立大学孔子学院的设立将进一步加强两国在文教领域的交流与合作，服务于中老全面战略合作伙伴关系的深化和发展。

中国也积极选派多名留学生和进修生赴老学习。1990年，中国派出第一批3名进修生赴老挝万象师范大学（现老挝国立大学）学习，1991年两国签订的《中老教育合作交流计划》确定了每年中国都将派出3名进修生赴老进修。作为中国学生来老留学的主要院校，老挝国立大学每年除接收老挝政府向中国提供的20名政府交换奖学金公费留学生外，还与北京外国语大学、广西民族大学、暨南大学、云南民族大学、云南大学等开展学术科学交流合作和留学生互换项目。现在，有数百名来自北京外国语大学、云南民族大学、广西民族大学等开设老挝语专业的中国院校留学生在老挝国立大学文学院老挝语言文学专业学习。

除了中央政府牵头的教育交流合作，两国地方和院校间的教育合作也在不断加强。作为中国最靠近老挝的两个省份，广西壮族自治区和云南省每年都向老挝提供一大批留学生名额和中长短期培训机会。比如，2009年8月，云南省西双版纳职业技术学院与老挝琅南塔省教育厅签订了合作办学协议。协议提出，西双版纳职业技术学院接受老挝琅南塔学生到学院学习汉语，取得汉语水平考试（HSK合格证）后可以选择旅游管理、酒店管理、导游、市场营销、园艺技术、护理基础、文秘和中文等专业就读。此外，该校还与老挝国立大学、丰沙里教育厅等签订了有关合作协议。苏州大学等中方院校也积极与老挝国立大学等老方院校取得联系，讨论、发展有关教育领域的合作。

这种大规模的教育合作，为两国睦邻友好和全面合作关系培养了大批接班人，为中老永做“好邻居、好朋友、好同志和好伙伴”打下了坚定的基础。

（二）文体领域交流合作日益密切

自1990年至今，已有中国杂技团、中国人民解放军总政歌舞团、中国残疾人艺术团等多个高水平的中国文艺团体赴老演出。由中国援建的万象老挝国家文化宫于2006年3月正式启用。这些合作成果都极大丰富了老挝人民的精神文化生活，受到老挝人民的高度评价和热烈欢迎。此外，随着中国国际广播电台万象调频台和新华社驻万象分社的正式建立，两国在新闻媒体领域的合作为文化合作增添了更多内涵，提供了更多渠道。现在，老挝《人民报》、《巴特寮报》、老挝国家电视台等重要媒体每天都会引用新华社和中国国际广播电台的新闻，也经常刊登和播放有关中国的节目。老挝也积极参加了中国昆明1999年世界园艺博览会和2010年上海世博会等活动，利用这些大型的舞台向中国人民和世界人民展现了自己悠久的民族文化和崭新的生活面貌。

体育方面，中国为老挝积极提供了羽毛球、游泳、田径等多个项目的教练或者为老挝运动员提供赴华培训的机会，特别是在中国举行的北京2008年奥运会、残奥会、广州2010年亚运会等，都为老挝运动员提供了在华培训完直接参赛的便利，为他们取得好成绩提供帮助。老挝运动员在1990年北京亚运会中获得了一枚拳击银牌，在2008年北京残奥会获得一枚举重铜牌，在2010年广州亚运会中获得两枚武术金牌，取得了老挝体育的突破，也为两国体育领域的合作做出了完美的诠释。

第三节　中老关系的前景

进入21世纪第二个十年后，中国与老挝的全面战略合作伙伴关系发展势头不减，两国在各个合作领域前景广阔。

政治上，中老两党、两国保持高层领导人互访势头，推动各层次、各领域官员来往朝着常态化、机制化方向发展，进一步加强双方治党理政经验交流，为双方全面合作关系打造坚实的政治基础。同时，双方将继续密切在大湄公河次区域经济合作（GMS）、东盟、东盟“10+1”、东盟“10+3”、东亚峰会和联合国等地区和国际多边组织中的协调合作，共同努力维护两国和广大发展中国家的利益。经贸上，两国在2010年双边贸易额突破10亿美元、中国对老投资累计逾40亿美元的基础上，以双方经济强互补性为基础，借助两国地缘优势、中国—东盟自贸区发展、东盟互联互通项目实施和老挝政府积极打造“地区过境贸易国”等有利条件，将中国“十二五”规划与老挝“七五”规划相结合，继续推动双边贸易和过境贸易发展。中方将进一步鼓励有实力、有信誉的中资企业“走出去”，在老挝开展农业、矿业、水电、基础设施建设、服务业等各领域投资，老方也将继续完善国内投资环境，吸引中方赴老投资。人文上，中老两国将继续扩大人民间的交流与了解，文化上的互动与沟通。中方将为老方培养更多各领域专业人才，帮助老方实现老挝人民革命党第九届全国代表大会提出的“实现人力资源上的突破”的目标，同时以在老挝的孔子学院和华校为依托，通过文艺团体赴老演出、举办各类展览、翻译播放优秀文艺作品等形式，积极宣传和扩大中华文化在老挝的影响力。

中老真诚、真挚的合作所取得的巨大成绩保证了两国友谊长期稳定的生命力，也为双方共同绘制未来美好蓝图提供坚实基础。我们完全有理由相信，两国政府和人民有足够的智慧，确保中国和老挝永做“好邻居、好朋友、好同志和好伙伴”，中老友谊将万古长青！

参考文献

一、专著文章

[1] 张良民. 老挝：东南亚唯一的内陆国[M]. 香港：香港城市大学出版社，2005.

[2] 马树洪，方芸. 列国志——老挝[M]. 北京：社会科学文献出版社，2004.

[3] 马树洪. 当代老挝经济[M]. 昆明：云南大学出版社，2000.

[4] 米良. 老挝人民民主共和国经济贸易法律指南[M]. 北京：中国法制出版社，2006.

[5] 老挝建国阵线民族局. 老挝各民族[M]. 2005.

[6] 刘琛. 老挝电视传媒：历史、身份与意识形态[J]. 环球视窗，2010（3）.

[7] 陶红. 老挝的华文教育[J]. 东南亚纵横，2004（9）.

[8] 漆思剑，蒋红彬. 老挝外国投资法研究[J]. 河北法学，2009（10）.

[9]（老挝）康莎妮. 中国证券市场监管体制及其对老挝的借鉴作用[D]. 济南：山东大学，2010.

[10]（老挝）高依伦. 在大湄公河次区域框架下中国和老挝的经济关系[D]. 厦门：厦门大学，2009.

[11]（老挝）金梅. 老中关系的历史演变及其影响因素研究[D]. 济南：山东大学，2007.

二、相关网站

[1] 中华人民共和国外交部网站：http://www.fmprc.gov.cn

[2] 中国驻老经商处网站：http://la.mofcom.gov.cn/index.shtml

[3] 世界银行网站：http://www.worldbank.org/

[4] 新华网：http://www.xinhuanet.com/

[5] 老挝人民报：http://www.pasaxon.org.la/

[6] 硅谷动力网：http://www.enet.com.cn/article/2007/0612/A20070612658086_3.shtml

[7] 中华纺织网：http://www.texindex.com.cn/Articles/2007-7-17/98386.html

[8] 广西壮族自治区外事办公室网站：http://www.gxfao.gov.cn/gxfaohtml/tzzn/091204720.html

附录一　官方服务机构

政府机构

老挝财政部 Lao Ministry of Finance

地址：23 Singha Road, Vientiane, Lao P.D.R.

电话：+856–21 900798

网址：http://www.mof.gov.la/?q=en/node/1

邮箱：webmaster@mof.gov.la

老挝央行 Bank of Lao PDR

地址：Yonnet Road，P.O.Box 19 Vientiane，Lao PDR

电话：+856–21 213109

网址：http://www.bol.gov.la/

老挝计划投资部 Lao Ministry of Planning and Investment

地址：Luangprabang Road Vientiane 01001，Lao P.D.R

电话：+856–21 218377

网址：http://investlaos.gov.la

老挝工业与贸易部 Lao Ministry of Industry and Commerce

地址：Pounxay Street，P.O. Box 4107，Vientiane Capital

电话：+856–21 412009

网址：http://www.moc.gov.la

邮箱：moicpsi@yahoo.com

老挝国家商贸与工业协会 Lao National Chamber of Commerce and Industry

地址：Kayson phomvihane Ave.， Ban Phonphanao Saysettha District，Vientiane Capital

电话：+856 – 21 453312

网址：http://www.laocci.com

邮箱：lncci@laopdr.com

银行

老挝外贸银行 Banque Pour Le Commerce Exterieur Lao

地址：01 PangkhamSt. XiengNyeun Vientiane Cap.

电话：+856–21 213200

网址：http://www.bcellaos.com

邮箱：bcelhovt@etllao.com

老挝发展银行 Lao Development Bank

地址：39 PangkhamSt. XiengNyeun Vientiane Cap.

电话：+856–21 213300

网址：http://www.ldb.org.la

邮箱：ldbvtels@laotel.com

老挝农业发展银行 Agricultural Promotion Bank

地址：58 HengbounRd. Haysok Vientiane Cap.

电话：+856–21 223714

邮箱：apblao@laotel.com

Indochina Bank Ltd.

地址：1st Floor Capital Tower, 116, 23 Singha Rd. Nongbone Village，Saysettha Distvict，Vientiane Capital，Lao PDR，P. O. Box: 6029

电话：+856-21 455000/1/2

网址：http://www.indochinabank.com

Booyoung Bank Co., Ltd.

地址：Unit 34, Nongborn Road, Ban Phonxay, Saysettha District, Vientiane Capital

电话：+856-21 454500/1/2

老挝丰沙宛银行 Phongsavanh Bank

地址：077 09 SamsenthaiRd. Anou Vientiane Cap.

电话：+856-21 2126 66

网址：http://www.phongsavanhbank.com

邮箱：info@phongsavanhbank.com

老挝联合发展银行 Lao Joint Development Bank

地址：82 Lane Xang Road. Vientiane Lao PDR. P.O. Box 3187

电话：+856-21-213531-6

网址：http://www.jdbbank.com/

老挝ST银行 ST Bank Co., Ltd.

地址：SamsenthaiRd. Anou Vientiane Cap.

电话：+856-21 241559

网址：http://www.stbanklaos.com

老越银行 Lao-Viet Bank

地址：44 LaneXangAve. HatsadyTai Vientiane Cap.

电话：+856-21 251418

网址：http://www.lao-vietbank.com

邮箱：lvbho@laotel.com

老-法银行（BFL银行）Banque Franco-Lao Ltd.（BFL）

地址：Lane Xang Avenue Hatsady Village - Chantabouly District P.O. Box 5720

电话：+856-21 285111

网址：http://www.banquefrancolao.com

邮箱：contact@bfl.la

会计师事务所

毕马威老挝 KPMG Lao Company Limited

地址：4th Floor K.P Tower 23 SinghaRd. Phonxay Vientiane Cap.

电话：+856-21 900344

网址：http://www.kpmg.com

邮箱：infolao@kpmg.com

安永老挝 Ernst and Young Lao Limited

地址：3th Floor ANZ Vientiane Commercial Building LaneXangAve. Hatsady Vientiane Cap.

电话：+856-21 222715

网址：http://www.ey.com

邮箱：eylao@laotel.com

普华永道老挝 Price Water House Coopers（Laos）Ltd.

地址：4th Floor ANZ Vientiane Commercial Building 33 01 LaneXangAve. Hatsady Vientiane Cap.

电话：+856-21 222718

网址：http://www.pwc.com/la

保险公司

老挝AGL保险公司 Assurances Générales du Laos

地址：065 05 23 SinghaRd. Phonxay Vientiane Cap.

电话：+856-21 261652

网址：http://www.agl-allianz.com/

邮箱：agl@agl-allianz.com

老挝Toko保险公司 Toko Assurance Co., Ltd.

地址：58/02 – 58/03，Manthaturath Road，Ban Xieng Ngeun，Unit 8，P. O. Box 3998，Vientiane

电话：+856-21 264712 – 5

网址：http://www.tokoassurance-lao.com/

邮箱：tokolaos@laotel.com

老越保险公司 Lao – Viet Insurance Co.

地址：426 Kamphengmeuang St. Hongkae Vientiane Cap.

电话：+856-21 264972

法律咨询

老挝法律咨询公司 Lao Law & Consultancy Group

地址：NongboneSt. Nongbone Vientiane Cap.

电话：+856-21 264866

网址：http://www.laolaws.com

邮箱：laolaws@laolaws.com

证券

老挝证券交易所 Lao Securities Exchange

地址：4th Floor，LSX Building，Ban Phonthan Neua，Saysettha District，Vientiane Capital，Lao P.D.R

网址：http://www.lsx.com.la

澜沧证券 Lanexang Securities Public Company

地址：5th Floor，LSX Building，Ban Phonthan Neua，Saysettha District，Vientiane Capital，Lao P.D.R

电话：+856-21 265468

网址：http://www.lxs.com.la/

邮箱：lanexang@lxs.com.la

附录二　省、市一览表

省	省会城市
丰沙里省	丰沙里市
琅南塔省	琅南塔市
波乔省	会晒市
琅勃拉邦省	琅勃拉邦市
乌多姆赛省	芒赛市
华潘省	桑怒市
沙耶武里省	沙耶武里市
川圹省	蓬沙湾市
万象市	/
万象省	丰洪市
波里坎赛省	北汕市
甘蒙省	他曲市
沙湾拿吉省	沙湾拿吉市
沙拉湾省	沙拉湾市
色公省	拉芒市
占巴塞省	巴色市
阿速坡省	阿速坡市